마음아,
안녕?

10대를 위한 마음성장학교 실천노트

실천노트 시리즈 2

마음아, 안녕?

김은미 지음

더메이커

먼저 읽은 분들이 추천사를 보내주셨습니다.

이 책은 안내에 따라 스스로 생각하고, 작성하는 과정에서 자신을 발견하도
록 만듭니다. 당장 우리 아이들과 수업에서 하나하나 실천해보고 싶습니다.

이태숙(원효초등학교 교사, 《하루 한 권 그림책 공감 수업》 저자)

이 책의 안내에 따라 매일 진솔하게 자기와 만나는 시간을 갖는다면, 나다
움을 찾고 멋지게 성장할 것입니다.

이준숙(《앵그리 영 헝그리 맘》 저자)

이 책을 통해 아이들이 자신의 마음을 만나 대화를 나누는 장면을 떠올리니
흐뭇해집니다.

김지영(《다섯 가지 미래교육 코드》 저자)

이 책은 마음 돌봄에 서툰 청소년들에게 자신의 마음에 가닿을 수 있도록 최
선을 다해 돕고 있다.

남상은(봄,길 대표)

청소년의 마음 성장을 위해 온 마음을 쏟아부은 것이 느껴집니다. 어쩜 이렇
게 잘 담아내고, 예쁘게 구성하였는지요.

최은정(위드유치료교육연구소 대표)

이 책은 자신의 마음을 이해하고 수용하는 과정이 필요한 학생들에게 '내 마
음 설명서' 같은 역할을 할 것입니다.

윤수진(법무부 청소년 상담위원. 함께 위드인 대표)

내 마음에 질문하고, 느낀 점을 쓰는 과정이 마치 다이어리 꾸미기처럼 재미를 줍니다.

신은희(브리즈앤코 대표코치)

————

질문과 경청이 가득한 이 책을 통해 부모와 자녀의 마음이 이어지는 시간이 되길 바랍니다.

정진(국제코치연맹 공인코치, 마음의집 대표)

————

마음도 공부와 운동처럼 연습하면 익힐 수 있습니다. 이 책은 건강한 마음을 위해 어떤 연습을 해야 하는지 정확한 로드맵을 안내합니다.

권선희(그림책연극놀이협동조합 이사)

————

마음을 돌볼 여유 없이 살아가는 우리 청소년과 부모, 교사에게 자신의 마음과 접촉하고, 살피고, 위로할 기회를 줄 것입니다.

이재연(그루터기심리상담센터 대표)

————

나를 알아가는 여행의 든든한 북극성이 되어줄 책입니다.

박은하(크리액티브경영연구소 대표코치)

————

스무고개 게임을 하듯 따라가면 훌쩍 커버린 내 마음을 만나게 될 것이다. 오랫동안 다양한 사람들의 마음 성장을 안내한 작가의 경험과 노하우가 이 한 권에 오롯이 담겨있다.

진명숙(학습상담사, 정서상담사)

————

이 책은 저자의 30년 교육과 코칭 노하우를 24시간 안에 배울 수 있게 안내하는 마법의 책이다.

한선영(유한대학교 교수)

————

마음의 주인으로서 생각, 감정, 욕구를 바로 알아차리고 올바르게 표현하는 방법이 잘 프로그램된 책이다. 워크북 형태로 되어있어 학교 현장에서 즉시 활용하기 좋다.

이선영(선운초등학교 교사)

내가 누구이고, 어디로 가야 할지 몰라 힘들어하는 아이들에게 위로의 말이나 조언 대신 이 책을 살포시 건네고 싶습니다.

김미경(마음봄센터 소장)

그동안 상담하면서 수없이 고민했던 과제들을 아주 쉽고 간결하게 해결해준 저자에게 감사드립니다.

서현미(취업컨설턴트, 심리상담사)

마음 때문에 힘든가요? 내 마음을 어떻게 해야 할지 몰라 도움이 필요한가요? 여기에 십 대들의 마음 성장을 이끄는 안내서가 있어요.

김영란(인천청람초등학교 교사)

안 보이던 마음이 밖으로 드러나 보이고, 결국은 나를 사랑하게 하는 책입니다.

강문정(《아무튼, 난 멋진 엄마》 저자)

아이들에게 제일 많이 듣는 말이 '몰라요', '그냥요'인데, 이제 '알아요', '느껴요'라는 말을 들을 수 있을 것 같습니다.

송희정(힐링원예센터 물댄동산 대표)

이 책은 아주 자연스럽게 자유로운 나, 행복한 나를 만나게 한다. 미래를 꿈꾸며 개척해 가고 있는 청소년은 물론 교사, 부모에게도 추천한다.

문유경(호주가정상담센터 소장)

세상의 모든 '나'들이 '나'답게 살 수 있도록 방향을 제시해주는 북극성 같은 책이다.

김진희 (한국에니어그램경영협회 대표, 《에니어그램 코칭맘》 저자)

_____

책의 안내를 따라가다 보면 아이와 부모 모두 따뜻한 눈빛으로 서로를 마주하게 될 것입니다.

박미희(라이프 코치)

_____

마냥 귀엽기만 하던 아들과의 갈등으로 고민하던 차에 이 책을 만났습니다. 각자의 속도로 질문에 답하고, 떠오르는 생각과 감정, 욕구를 기록하다 보면 서로가 무엇을 원하고 느끼는지 알게 될 것 같습니다.

박지현(영산대학교 항공관광학과 부교수)

_____

숱한 상처로 길을 잃은 청소년들을 어떻게 회복시킬 수 있을까요? 이 책은 청소년들이 자신을 사랑하고 타인을 사랑하며 좀 더 행복하고 자유로운 삶을 살 수 있는 실천 방법을 안내하고 있습니다.

성유진(온고을중학교 교사)

_____

이 책은 다양한 프로그램을 통해 나의 마음을 한 단계씩 알아 갈 수 있게 되어있습니다.

최지연(지금,봄 심리상담센터 대표)

_____

나의 마음과 타인의 마음을 알아갈 수 있게 개발된 활동을 하나씩 따라가다 보면 건강한 정체성을 회복할 수 있습니다.

박상림(꿈꾸는 독서논술 스피치 대표)

_____

이 책은 의식과 무의식 영역을 다루는 질문, 명상, 그림 그리기 등의 활동을 통해 감정부터 삶의 목적, 가치관 등까지 모든 영역에서 진정한 자신을 볼 수 있게 한다.

한지혜(인지치료사)

이 책은 방황하는 청소년들에게 삶의 주권을 회복할 수 있게 도와주는 친절한 안내서입니다.

박주란(강동작은도서관 운영실무관 코치)

이 책에 소개된 다양한 활동은 마음을 알게 하고 더 나아가 마음을 즐겁게 합니다.

신여윤(《엄마교과서》 저자)

학창 시절 서랍 속 일기장과 같은 책이네요. 책의 안내에 따라 한 자 한 자 적어나가다 보면, 우리의 삶에서 소중한 내면의 힘과 에너지가 반짝이는 시간을 만날 것입니다.

조숙경(그림책심리코치)

부모가 준 폭력과 상처로 자신의 존재가 상처가 된 우리 아이들에게 꼭 소개해 주고 싶은 책이다. 이 책을 통해 아이들이 있는 그대로 자신이 이미 충분하고 소중한 존재임을 알아가기를 소망한다.

송수진(시카고 불타한국학교 교사)

변화의 시대를 살고 있는 청소년들에게 마음 성장의 씨앗이 뿌려질 것입니다.

김휘경(하이웨이리더십코칭연구소 소장)

이 책은 행복한 삶을 위한 마음 성장 실천서로, 아이들의 행복을 원하고 마음을 어루만져주고 싶은 어른들에게 더 추천하고 싶은 책이다.

박동준(해병대리더십센터 팀장)

나와 다른 사람과의 관계가 편안해지고, 나를 보다 깊이 알아가는 가운데 본연의 빛을 발견하는 경험이 될 것입니다. 그 과정에서 외로움은 없습니다.

유향란(인동어린이집 원장)

이 책은 학생들이 자신을 찾아가는 여정을 조직적으로 구성한 교육 프로그램입니다. 자기 삶의 비밀을 푸는 열쇠를 발견하게 될 것입니다.

전명선(안양관악초등학교 교사)

질문하고 답하다 보면, 표면 너머에 존재하는 깊고 평안한 순간을 만날 수 있습니다. 그 순간을 청소년 모두가 만나기를 바랍니다.

용상은(참선도량 태안사 사무장)

모든 삶의 영역에서 자신의 마음을 건강하게 싹 틔워 삶의 주인이 되도록 이끄는 이 책을 많은 청소년, 교사, 부모가 만났으면 좋겠다.

한경란(연필심연구소 소장)

이 책은 쉽게 활용할 수 있는 워크북 형태로 되어있어, 학업으로 바쁜 중에도 자신의 내면을 깊이 들여다볼 수 있게 도와준다.

이소영(교육 칼럼니스트)

이 책은 매일 마음과 만나 하루를 돌아보며 나를 성찰하는 도구로 사용하면 참 좋겠어요.

심현숙(존재사랑맑은물 코치)

청소년이 자기를 직면하고, 수용하며 꿈을 이루기 위해 통과해야 할 과정이 이 책에 있다.

김진명(독서논술 지도사)

이 책이 우울한 터널을 나와 지금 여기를 당당하게 살고 싶은 모든 청소년에게 한 자락의 멋진 풍경이 되기를 소망합니다. '잘살고 있어'라고 자신에게 말할 수 있게 이끌 것입니다.

채민정(OO중학교 교사)

———

급격한 변화를 겪는 10대들이 자기 마음을 오롯이 마주하고, 긍정적인 마음뿐 아니라 부정적인 마음도 수용하는 힘을 기르도록 돕는 고마운 책입니다.

최정은(《사춘기 엄마의 그림책 수업》 저자)

———

자신의 마음을 온전히 바라보는 것은 민망하고 쑥쓰럽기도 하겠지요. 하지만 이 책과 함께 과정을 끝까지 마친다면 한껏 성장할 것입니다.

박현수(의왕중학교 교사)

———

이 책은 내 마음의 소리를 보고 듣게 합니다. 우리 청소년들이 마음과 만나고, 그동안 경험하지 못한 자신의 색다름을 알아가길 바랍니다.

박이슬(광주광역시도시재생공동체센터 마을공동체 팀장)

———

이 책은 청소년들이 내적 성장을 이루고, 건강한 인격을 형성하며, 더 나은 미래를 위한 자신만의 길을 찾아 나갈 수 있게 도와줍니다.

허은영 (선교사, MKBEAM 대표)

———

마음성장학교에 온 걸 환영합니다

우리는 모두 마음을 가지고 있습니다.
그러나 마음이 어디에 있는지,
어떻게 다루어야 하는지 잘 알지 못합니다.

여러분의 마음은 어디에 있나요?

누군가는 마음이 심장에 있다고 하고,
누군가는 뇌에 있다고 합니다.
현재까지 밝혀진 바에 따르면, 마음은 뇌에 있답니다.
그래서 생각이 마음을 만들고 결과를 만듭니다.

우리는 같은 일을 보고도 '좋다' '나쁘다' 각자 다른 생각을 합니다.
그 생각에 따라 감정이 일어납니다.
아무리 감추려 해도 표정과 말투, 행동으로 다 드러납니다.

마음에 대해 배워 본 적이 없고,
마음을 정성스럽게 만나본 적도 없기에
때때로 마음이 말을 걸어올 때면 불편합니다.

사람들은 원하는 일을 하며 자유로운 삶을 살고 싶다고 말합니다.

그런가요?

그렇다면 우리는 마음에 대해 배워야 합니다.
마음만이 우리가 진정 원하는 것이 무엇인지 가르쳐 줄 수 있기 때문입니다.

마음에 대해 배우는 것은 쉽기도 하고 어렵기도 합니다.
하지만 많은 돈이 들거나 특별한 시간과 공간이 필요한 것은 아닙니다.
배우려는 마음만 있다면, 내가 있는 곳에서 지금 시작할 수 있습니다.

우리는 마음을 만나는 다양한 활동을 통해
나를 만나고, 나를 더 깊이 알게 되며, 나를 사랑하는 방법을 배울 겁니다.
나를 사랑하게 된 사람은 타인과 다정하게 대화를 나누며
공존하는 방법을 자연스럽게 알게 됩니다.

이 책에 소개한 이야기를 읽고, 질문에 답하고,
떠오르는 생각과 감정, 욕구를 기록하다 보면
나에 대해 많은 것을 알게 됩니다.
나를 알아가는 여정이
내가 원하고, 바라고, 소망하는 일을 할 수 있는 길로 안내합니다.

자! 이제 출발입니다.

2023년 5월 10일
마음성장학교 대표 김은미

이 책을 효과적으로 활용하는 방법

이 책은 매일 혹은 일주일에 한 번, 나의 마음과 만나며 나를 알아가는 책입니다. 마음에서 떠오르는 생각을 글과 그림으로 표현하다 보면 세상에 없는 나만의 마음 책을 갖게 될 겁니다.

> 1장에서는 '마음과 만나 대화하는 방법'을 배웁니다.
> 2장에서는 '마음의 주인으로서 마음을 돌보는 방법'을 배웁니다.
> 3장에서는 '관계 안에서 마음과 마음을 나누고 대화하는 법'을 배웁니다.
> 4장에서는 '원하는 삶을 창조하는 마음 사용법'을 배웁니다.

* 책은 1장부터 4장까지 순서대로 활용할 때 마음성장과 의식성장을 경험할 수 있습니다. 높은 자존감을 회복하는 데 더욱 효과적입니다.

1. 소중한 마음을 만나는 시간입니다. 첫 번째 활동을 시작하기 전, 참여자 모두가 마음성장학교 서약서를 작성한 후 함께합니다.

2. 총 20개의 활동은 쉽고 단순하며, 마음에 집중하게 합니다.

3. 모든 활동은 혼자서 할 수 있습니다.

4. 1장부터 4장까지 점진적으로 나, 너, 우리로 주제가 확대되며, 1:1 대화, 그룹 토의를 하며 마음 나누는 연습을 할 수 있게 구성했습니다.

5. 안내에 따라 활동 하나 하나를 여유있게 경험하는 것이 좋습니다.

6. 모든 위대한 영혼들은 마음에 귀 기울이며 '나'에게 집중하는 시간을 가졌답니다. 하루에 한 번 나에게 집중하는 시간을 갖는 것은 우리를 더 건강한 삶으로 안내합니다.

7. 학교, 동아리, 도서관에서 그룹 활동으로 사용할 때에는 그룹의 크기에 따라 1시간~2시간으로 자유롭게 운영할 수 있습니다.

8. 이 책을 활용하는 어른들(선생님. 부모님)은 학생이 자유롭게 표현할 수 있게 무조건적 수용과 존중으로 함께합니다.

9. 이 책은 청소년의 마음성장을 위해 특별히 개발됐습니다. 그러나 마음성장의 길은 나이와 상관없이 모두에게 동일합니다. 우리 선생님과 부모님도 학생과 함께 활용하며, 마음을 깊이 알아가는 시간, 서로 깊이 이해하고 사랑하는 시간이 되기를 소망합니다.

10. 안내자는 프로그램 진행 전에 '안내자를 위한 청소년 마음코치 연수' (24시간)에 참여하기를 권합니다. 워크숍 진행 노하우를 직접 체험할 수 있으며, 역량과 자질을 갖춘 청소년 마음코치로 성장하는 기회가 됩니다.

마음성장학교 서약서

나는 나를 정직하게 느끼고 표현합니다.

나는 지금 여기의 감정에 집중하며 이야기합니다.

나는 함께하는 이들을 존중합니다.

나는 함께 나눈 이야기에 대해 비밀을 지킵니다.

나는 배우고 느낀 것을 실행하며 성장합니다.

년   월   일

참가자 서명 :

함께하는 사람1 서명 :

함께하는 사람2 서명 :

함께하는 사람3 서명 :

차례

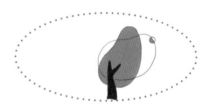

PART 1 마음아, 안녕?

PART 2 나는 내 마음의 주인

마음아, 안녕?

나의 마음과 만나기 위해 먼저 마음과 인사를 나눠요.

우리가 다른 사람을 만나 인사를 나누며

관계를 만드는 것과 같아요.

지금 있는 곳에서, 잠시 모든 것을 멈추고

숨을 크게 들이쉬고 또 내쉬어 보세요.

세 번 코로 숨을 깊이 들이쉬고 내쉽니다.

한 번,

두 번,

세 번.

이렇게 숨을 쉬면 마음이 차분해집니다.

어때요?

그런가요?

자! 지금이 마음과 인사를 나눌 좋은 때입니다.

"마음아, 안녕?"

마음의 온도

마음은 때론 뜨겁기도 하고 차갑기도 합니다.
온도를 잴 수 없을 정도로 딱딱하게 굳어버린 마음도 있습니다.

지금 내 마음은 어떤가요?

가볍고 명랑한 마음,
편안하고 다정한 마음의 온도와
열정이 넘치고 환희에 찬 마음,
용기 있고 자부심이 넘치는 마음의 온도와
가슴 아프고 절망적인 마음,
피곤하고 난감한 마음의 온도는 서로 다르겠지요?

우리 마음은 저마다 말로는 표현하기 어려운 메시지를 가지고 있어요.
예를 들면 외로운 마음은 다정한 대화나 따뜻한 손길, 혹은 위로의 말을
필요로 하고 있는 건지도 모릅니다.

우리는 모두 다른 생각을 가지고, 다른 경험을 하며, 다른 삶을 살아가기에, 우리가 느끼는 '외로움'이라는 마음을 도와줄 수 있는 방법도 수만 가지가 있답니다.

그래서 우리는 자기 자신의 마음과 대화를 나눠야 해요.
세상 그 누구도 내가 말하지 않은 것을 정확히 알 수는 없으니까요.

마음을 알아간다는 건
보다 정확하게 나의 마음을 표현할 수 있게 되는 것을 말합니다.
그러면 필요할 때 필요한 것을 도움받을 수 있게 됩니다.
불필요한 관심과 잔소리도 피할 수 있게 도와줍니다.

"안녕? 마음아!"
"오늘 내 마음의 온도는 몇 도일까?"

매일 매 순간, 마음의 온도를 스스로 체크해 보세요.
지금 돌봄이 필요한지, 충분히 편안한지 알 수 있답니다.

마음 온도계

방법

1. 두 손을 가슴에 대고 눈을 감습니다.

2. 코로 세 번 숨을 깊고 느리게 들이쉬고 내쉽니다.

3. "마음아! 안녕? 오늘 너는 어떠니?"라고 물어봅니다.

4. 생각하고 느껴지는 대로 나의 마음 온도계를 표현합니다.

5. 다 칠한 후 새롭게 알게 된 것, 마음으로 깨달은 것, 실행하고 싶은 것을
   기록합니다.

기대효과

1. 멈추고 호흡하며, 마음과 만날 수 있습니다.

2. 그림으로 표현하면 마음을 눈으로 볼 수 있습니다.

3. 매일 마음의 온도를 확인하다 보면 스스로 마음을 돌볼 수 있게 됩니다.

다음의 마음 온도계 그림을 참고하여 내 마음 온도계에

마음이 가는 대로 자유롭게 표현해 보세요.

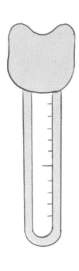

마음 온도계 활동을 하면서 새롭게 알게 된 것,

마음으로 깨달은 것, 실행하고 싶은 것은 무엇인가요?

새롭게 알게 된 것

마음으로 깨달은 것

실행하고 싶은 것

여기보다 어딘가

여기와는 어딘가 다른 곳을 꿈꿔본 적이 있나요?

지금 여기에서의 삶이 별로 마음에 들지 않을 때는 당연하고,
반복되는 일상에 변화가 필요할 때에도
잠깐씩 어딘가 다른 곳을 꿈꾸게 됩니다.
그리고 더 높은 꿈과 이상이 생겼을 때에도
우리는 여기가 아닌, 어딘가 다른 곳을 꿈꿉니다.

여기가 아닌 저기,
어딘가 다른 곳에 이르기 위해
우리는 목표를 정합니다.

그 목표는 당장 중간고사 성적일 수도 있고,
1년 혹은 3년 후의 진학일 수도 있습니다.
더 먼 미래의 목표를 정한 사람도 있겠지요.

목적지에 도달하는 방법은 수없이 많습니다.
내가 지금 어디에 있는지, 어떤 상태인지 말할 수 있다면,
우리는 지금 어디에 어떤 상태로 있든 상관없이
목적지에 도달할 수 있습니다.

제주도 여행을 하려면
지금 내가 어디에 있는지 알아야
제주도로 가는 방법을 알 수 있습니다.

공부도 여행과 같습니다.
지금 나의 성적을 직면하고,
도달하고 싶은 지점을 목적지로 정합니다.
목적지에 도달할 방법은 수없이 많습니다.

부모님이나 선생님이 정해주는 목표가 아닌
내가 내 삶의 주인이 되어
나만의 목표를 세우고 하루하루 실천해 보세요.
작은 성공 경험을 할 수 있도록
반복해서 계획하고 실행해 보세요.

일어나는 시간과 잠자는 시간 지키기,
친구와 한 달에 한 번 치킨 먹기,

모르는 것 알 때까지 물어보기 등
스스로 통제가 가능한 목표를 세우고 성공한 경험은
나의 자존감에 힘을 줍니다.
스스로 잘 할 수 있다는 마음, 자부심이 자랍니다.
원하는 것을 하고 있기에 기분이 좋아지고,
자존감이 높은 사람이 됩니다.

자존감이 높은 사람은 다른 사람의 도움도 잘 받습니다.
목표를 이루는 데는 다른 사람의 도움이 반드시 필요합니다.
그 목표가 크면 클수록 더욱 많은 사람의 도움이 필요합니다.

우리 중 누구도 모든 것을 다 잘하지 못합니다.
서로의 강점을 인정하고, 도움을 주고받으며 협력하는 가운데
우리는 목적지에 도달할 수 있습니다.

오직 나를 위한 목표

방법

1. 어떤 제한도 두지 않고 원하는 것(하고 싶고, 가고 싶고, 먹고 싶고, 보고 싶고, 되고 싶은 것 등)을 떠올립니다. 단, 자신과 타인에게 해로운 것은 좋지 않습니다.

2. 목표가 이루어지길 원하는 기간을 정합니다. (오늘 또는 한 주, 한 달, 일 년 등)

3. 기록한 것 중 하나를 선택해서 목표를 이루기 위한 코칭 질문 열 가지에 답합니다. (셀프코칭 또는 짝과 함께 1:1코칭 대화를 나눌 수 있습니다.)

4. 코칭 질문을 마치고 나서 목표에 도달한 자신을 상상하고 글과 그림으로 표현합니다.

기대효과

1. 자신의 욕구를 담은 목표설정을 할 수 있습니다.

2. 크고 작은 목표를 설정하고 이루는 경험을 통해 문제해결력이 자랍니다.

3. 스스로 원하는 것을 이루는 과정에서 스스로 하고자 하는 마음이 자라며, 자기이해와 자기조절 능력이 향상됩니다.

4. 자존감이 향상됩니다.

'오직 나를 위한 목표'를 다음의 표에 기록하세요.

욕구	목표
하고 싶은 것	책 한 권 읽기
가고 싶은 곳	
먹고 싶은 것	
보고 싶은 것	
되고 싶은 것	

별도의 노트에 원하는 방식으로 기록해도 좋습니다.

자신이 원하는 것들로 채워보세요. 매일 순간순간 떠오르는 것을 기록합니다.

원하는 기간	목표 달성 날짜
일주일마다	년 월 일

목표를 이루기 위한 코칭 질문 10가지

질문하기 전 도달하고 싶은 목표 한 가지를 정합니다.

목표 :

1. 목표가 이루어졌을 때가 10점이라면, 지금 나는 어디쯤에 있는가?

----

2. 나는 지금 어떤 상태인가?

----

3. 내가 만족할 수 있는 점수는 10점 만점에 몇 점인가?

----

4. 목표에 도달하기 위해 나에게 필요한 것은 무엇인가?

----

5. 나는 목표를 위해 무엇을 할 수 있나?

----

6. 목표를 위해 필요하지만 내가 할 수 없는 것은 무엇인가?

----

7. 도움을 받으면 할 수 있는 것은 무엇인가?

----

8. 누구에게 도움을 청할 수 있나?

----

9. 하늘이 도와야 하는 것은 무엇인가?

----

10. 목표에 도달한 나를 생각하면 어떤 마음이 올라오나?

목표를 이룬 나를 생생하게 상상하며 사진을 찍듯이

한 장의 그림으로 표현해봅니다.

앞에서 질문에 답하고, 목표를 이룬 나의 모습을 상상하고,
표현하는 과정에서 어떤 마음이 올라왔나요? 글로 써보세요.

나의 마음을 정리해 봅니다. 무엇보다 소중한 것은 내 마음입니다.
무엇이든 표현하고, 기록하다 보면 더 좋은 마음과 만나게 됩니다.

(예) 목표를 이룬 나를 생생하게 상상하고,
구체적인 모습을 떠올려보니 가슴이 뜨거워졌다.

내 속엔 내가 너무도 많아

우리의 내면엔 서로 다른 마음들이 공존합니다.

아메리카 인디언들은 마음에서 벌어지는 갈등을
흰 늑대와 검은 늑대에 비유하여 설명합니다.
인디언 할아버지가 아이에게 이야기를 들려줍니다.

"우리 마음에는 두 마리의 늑대가 있단다.
한 마리는 흰 늑대이고 다른 한 마리는 검은 늑대지.
화, 질투, 오만, 자기연민, 죄책감, 억울함, 열등감, 거짓말, 자존심, 우월감
등을 상징하는 늑대가 검은 늑대야.
반면 흰 늑대는 연민, 너그러움, 겸손, 친절, 기쁨, 평화, 사랑, 희망, 평온,
자비 등을 상징하지.
그러니까 검은 늑대는 불편한 사람이나 상황을 만나면 분노하고 회피하
는 마음이고, 흰 늑대는 같은 상황에서도 나, 너, 우리 모두에게 이로운
선택을 하는 마음이라고 할 수 있어."
"할아버지, 그럼 두 마리의 늑대가 싸우면 누가 이겨요?"

아이가 묻습니다.

"그건 네가 먹이를 주는 쪽이 언제나 이긴단다."

할아버지가 대답합니다.

우리 마음속에서는 항상 이와 같은 일이 벌어집니다.

하나의 사건에 대해 서로 다른 두 마음이 힘겨루기를 할 때,

이기는 쪽은 우리가 먹이를 주는 쪽입니다.

언제나 정확히 그렇습니다.

마음이 성장한다는 것은

자기 마음속에서 일어나는 일을 알아차리고,

그것이 불편한 마음일지라도 그 마음을 인정하고, 수용하며,

스스로 다독일 수 있게 되는 것입니다.

자신이 원하는 결과가 나타나도록

긍정적인 마음의 힘을 사용할 수 있게 되는 것입니다.

내 '마음이' 캐릭터 그리기

방법

1. 눈을 감고, 고요하게 머뭅니다.

2. 코로 숨을 들이쉬고 내쉬며, 깊고 느린 호흡을 세 번 합니다. (들이쉬고 내쉬며 하나, 다시 들이쉬고 내쉬며 둘, 들이쉬고 내쉬며 셋, 이렇게 합니다.)

3. 내 마음을 나타내는 캐릭터를 떠올려봅니다. (동물, 식물, 사물 혹은 애니메이션이나 게임의 주인공 등)

4. 나를 닮은 내 '마음이' 캐릭터를 그림으로 표현합니다.

5. '마음이'와 인터뷰 질문에 따라 대화를 나누고 기록합니다. (인터뷰는 혼자서 그림을 보면서 합니다. 또는 친구와 1:1로 짝을 지어 질문을 주고받습니다.)

기대효과

1. 감정을 인식하고 조절할 수 있습니다.

2. 내 마음이 캐릭터를 그리고, 마음이와 대화를 나누는 과정에서 새로운 자신과 만납니다.

3. 스스로 원하는 결과를 만드는 선택을 할 수 있습니다.

나를 표현하는 내 '마음이' 캐릭터를 그려 보세요.

'마음이'와의 인터뷰

1. 마음이의 이름은 무엇인가요?

----

2. 성격은 어떤가요?

----

3. 편안함을 느낄 때는 언제인가요?

----

4. 화가 나면 어떻게 바뀌나요?

----

5. 가장 좋아하는 것은 무엇인가요?

----

6. 늘 바라고 있지만 잘되지 않는 것은 무엇인가요?

----

7. 무엇이든지 다 이루어진다면 어떤 소원을 말하고 싶은가요?

----

8. 만약 이름과 모습을 지금 바꿀 수 있다면 어떻게 바꾸고 싶은가요?
   (바꾸고 싶은 부분을 바꿔서 그려본다.)

9. 바꿔보니 어떤가요?

----

10. 인터뷰를 해보니 어떤 마음이 드나요? 새롭게 알게 된 것은 무엇인가요?

마음이 말을 걸어 올 때

아침에 눈을 뜰 때

'아, 너무 힘들다. 쉬고 싶다.'라는 마음이 올라올 때가 있습니다.

때로는 알 수 없는 분노가 불편하기만 합니다.

가끔 외롭다는 생각도 들고요.

마음이 말을 걸어 올 때,

잠시 멈추고 마음의 소리를 듣기보다는

이미 정해져 있는 시간표에 따라 움직입니다.

감정이 없는 무생물처럼 묵묵히 눈앞의 일을 따라갑니다.

사람들은 흔히 긍정적인 감정과 부정적인 감정으로 마음을 나눕니다.

긍정적인 감정은 좋은 것, 부정적인 감정은 나쁜 것으로 판단합니다.

그러나 심리학에서는

욕구가 충족되었을 때와 욕구가 충족되지 않았을 때

나타나는 감정이 다른 것일 뿐이라고 말합니다.

좋은 감정, 나쁜 감정이 따로 있는 것은 아니라는 거죠.

예를 들어 하고 싶지 않은 것을 꾸역꾸역 해야 할 때는
'피곤하다'는 마음이 올라옵니다.
너무 지치고 힘들면 '멍한' 상태가 되거나
'분노와 서러움'이 올라오기도 합니다.
이러한 감정이 올라오는 것은 지치고 힘들어서이지
좋거나 나쁜 것이 아닙니다.

나에게 부정적인 감정이 올라올 때
"지금 나에게 필요한 것이 뭐지?"
"내가 어떻게 하면 좀 편안해질 수 있지?"
라고 스스로 묻고 답하며, 자기 돌봄에 시간과 에너지를 쓰면 어떨까요?

매일 아침 눈을 뜰 때와 잠들기 전에
나의 마음과 대화를 나눠 봅니다.
마음이 지치고 힘들어서 화가 잔뜩 난 채로 나에게 말을 걸기 전에
내가 먼저 매일 매일 나의 마음과 만나는 시간을 가져 봅니다.

모든 감정은 옳다

방법

1. 지금 여기에 깊고 느린 호흡과 함께 고요하게 머무릅니다.

2. 내 마음에게 질문합니다. "마음아, 안녕? 오늘 넌 어떠니?"

3. 마음에서 올라오는 생각과 감정을 있는 그대로 느껴 봅니다.

4. "모든 감정에는 이유가 있어. 나에게 지금 필요한 게 뭐지?"라고 묻고,
   스스로에게 필요한 것을 공급합니다.

5. 도움이 필요한 경우 친절하고, 안전한 사람에게 도움을 청합니다.

기대효과

1. 긍정적이거나 부정적인 감정을 '좋다' '나쁘다'는 판단 없이 알아차리고 수용할 수
   있습니다.

2. 나의 감정을 알아차리고 수용하며 적절하게 돌볼 수 있습니다.

3. 나를 이해하고 사랑하는 만큼 타인을 이해하고 받아들이는 능력이 증가합니다.

마음아, 안녕? 오늘 넌 어떠니?
마음에 올라오는 감정을 감정 단어에서 찾아 표시합니다.

욕구가 충족되었을 때	욕구가 충족되지 않았을 때
행복한 　　기분좋은	지루한 　　무서운
재미있는 　만족스러운	민망한 　　갑갑한
흥미로운 　짜릿한	걱정되는 　　불편한
신나는 　　평화로운	초조한 　　겁나는
따뜻한 　　뿌듯한	짜증 나는 　괴로운
자랑스러운 　홀가분한	슬픈 　　서러운
든든한 　　즐거운	억울한 　　긴장되는
감동한 　　개운한	지겨운 　　비참한
기운나는 　　고마운	막막한 　불안한
상쾌한 　　차분한	외로운 　　초조한
고마운 　　기대되는	힘든 　　피곤한
감사한 　　용기나는	허탈한 　　난감한

51

나의 감정에는 모두 이유가 있습니다.

나에게 지금 필요한 것이 있다면 무엇인가요?

어떻게 하면 내가 좀 더 편안해질까요? 떠오르는 대로 기록해 보세요.

예를 들어 성적이 원하는 만큼 오르지 않아 속상하고 불안한 나에게는
무엇이 필요할까요?
(달콤한 코코아 한 잔, 함께해주는 친구, 일타 강사, 조용한 나만의 시간 등)

변화를 위해 도움이 필요한 것은 무엇인가요?

모든 것이 가능하다면 누구에게 어떤 도움을 요청할 수 있을까요?

누가	도와주길 원하는 것	원하는 결과

'모든 감정은 옳다' 활동을 하며 새롭게 알게 된 것은 무엇인가요?

변화를 위해 실행해 보고 싶은 것은 무엇인가요?

마음 삼총사

우리는 모두 마음을 가지고 있습니다.
그런데 마음은 눈에 보이지 않으니
장님 코끼리 만지기처럼
자기 경험과 지식에 따라 추측하고 판단합니다.
어떤 사람들은 마음이 어떤지 물어보면
자기 마음을 자기도 모르겠다고 말합니다.

마음을 이루는 삼총사가 있습니다.
바로 생각, 감정, 욕구입니다.

우리가 다른 모든 것을 배워서 아는 것처럼 마음도 배워야 합니다.
마음을 배우는 것은 다행히 어렵지 않습니다.
매 순간 나의 생각과 감정과 욕구가 무엇인지 알아차리는 것이
마음을 배우는 지름길입니다.

우리는 생각을 표현할 때
"나는 이 책을 읽고 이런 생각이 들었어."라고 말합니다.
우리는 감정을 표현할 때
"나는 이 영화를 보고 이런 마음이 느껴졌어."라고 말합니다.
우리는 욕구를 표현할 때
"나는 이것을 하고 싶어."라고 말합니다.

우리가 오감(시각, 청각, 후각, 미각, 촉각)을 통해
보고, 듣고, 냄새 맡고, 맛보고, 느끼는 모든 것은
생각과 감정, 욕구를 만들어냅니다.
무엇을 생각하고, 느끼고, 원하든지 다 괜찮습니다.

다른 사람에게는 말할 수 없는 것이라도
자기 자신에게는 정직하게 말을 건넵니다.
나의 생각과 감정과 욕구를 정직하게 마주할 수 있어야
내가 원하는 것을 적절하게 공급할 수 있습니다.
내가 원하는 삶을 살아갈 수 있습니다.
나의 존재를 내가 깊이 경청해야 합니다.

떡갈나무 씨앗은 떡갈나무로 자랄 때 필요한 모든 것을
그 작은 씨앗 안에 가지고 태어납니다.
적당한 토양과 물과 바람과 햇살을 받으며

떡갈나무로 자라납니다.

나도 태어날 때부터
내가 살아가는 데 필요한 모든 정보와 자원을
이미 내 안에 갖고 있습니다.

나다운 삶을 살아가는 방법과 길은
내가 나의 존재를 깊이 경청할 때 비로소 알게 됩니다.

자! 오늘부터 매일
나의 생각과 감정과 욕구를 경청하고, 기록해 봅니다.

자기 존재 경청

방법

1. 잠시 코로 숨을 들이쉬고 내쉬며 조용히 머뭅니다.

2. 거울이나 핸드폰 카메라에 비친 나에게 호기심을 갖고, 미소를 지으며 바라봅니다.

3. 지금 나의 생각, 감정, 욕구를 느껴봅니다.

4. 안내에 따라 세 줄의 문장을 기록합니다.

기대효과

1. 매일 거울을 보며 나의 존재를 깊이 만납니다.

2. 나의 생각, 감정, 욕구를 인식하고, 수용하며, 정직하게 표현할 수 있습니다.

3. 다른 사람의 생각, 감정, 욕구를 이해하고 수용하는 능력이 생깁니다.

4. 논리적이고 조리 있게 자신을 표현할 수 있습니다.

거울이나 핸드폰 카메라에 비친 나를 보며

지금 나의 마음을 느껴봅니다. 세 줄의 문장을 작성합니다.

긍정적인 마음이라면 '그래서' 오늘 하루를 어떻게 보내고 싶은지, 부정적인

마음이라면 '그럼에도 불구하고' 오늘 하루를 어떻게 보내고 싶은지 기록하고 소리

내서 읽으며 선포합니다.

지금 나의 마음은 (감정을 나타내는 단어, 색깔, 날씨 등으로 자유롭게 표현합니다.)

예) 지금 나의 마음은 회색 구름이 잔뜩 낀 하늘 같습니다.

왜냐하면 (그렇게 생각하는 이유를 씁니다.)

예) 왜냐하면 집에서도 학교에서도 나를 이해하는 사람이 없기 때문입니다.

그래서 또는 그럼에도 불구하고 (나에게 도움이 되는 긍정적인 욕구를 담아 하고

싶은 것을 씁니다.)

예) 그럼에도 불구하고 나는 나를 사랑하기에 오늘도 공부합니다.

활동을 마치며

나에게 전하고 싶은 응원의 말은 무엇인가요?

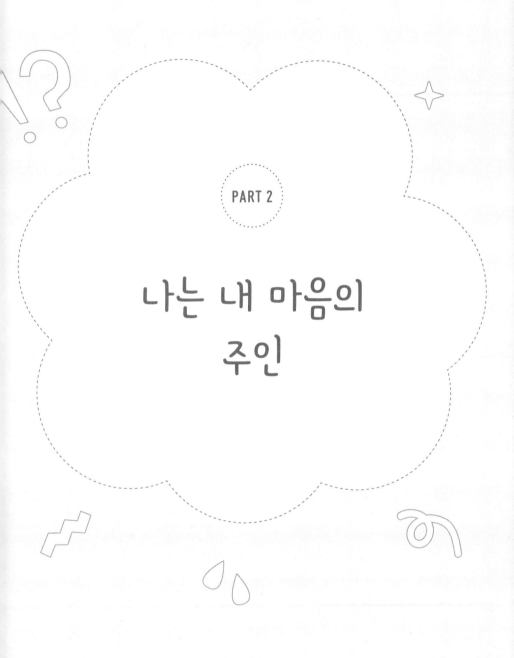

PART 2

나는 내 마음의
주인

청소년기는 아동에서 성인으로

성장해 나가는 과도기입니다.

아동에서 성인으로 성장해 나간다는 것은

어떤 의미일까요?

부모의 도움 없이는 잠시도 살 수 없었던 작고 여린 존재에서

부모의 도움이 필요 없는 독립된 존재가 되어가는 것입니다.

경제적으로는 여전히 부모의 돌봄이 필요하다 할지라도

정서적으로는 독립을 시도하기 시작할 때

청소년기에 진입했다고 봅니다.

부모로부터 독립된 건강한 자아를 갖게 되면

눈앞의 이익과 즐거움만 쫓지 않습니다.

합리적이고 추상적인 사고가 가능해지고,

스스로 자신의 감정을 조절할 줄 알며,

소중한 사람들과의 관계를 지키고,

자신이 가치 있게 생각하는 것을 지키기 위해 노력하고,

그 결과에 책임집니다.

미숙하고 의존적인 상태가 아닌

성숙하고 독립적인 상태로 나아갈 준비를 하는 시기가

청소년기입니다.

내 생각, 감정, 욕구를 느끼고 살펴

상황과 맥락에 맞게 표현할 줄 아는 사람이

되는 것은 매우 중요합니다.

내가 내 마음을 다룰 수 있어야

내가 원하는 세상을 꿈꿀 수 있습니다.

내가 하고 싶고, 되고 싶은 것에 집중할 수 있습니다.

나는 내 마음의 주인입니다.

나에게 소중한 것들

가끔 사람들에게 이런 질문을 합니다.

"램프의 요정 지니가 나타나서 세 가지 소원을 들어준다면
어떤 소원을 말하고 싶나요?"

지금 한번 생각해 보세요.

만약 이 질문을 받고 세 가지를 바로 떠올리는 사람이라면
주도적이며, 열정적인 사람일 확률이 높습니다.
안타깝게도 대부분은
"글쎄요⋯. 생각해 보지 못했는데요."
라고 말합니다.

나에게 소중한 것,
꼭 이루고 싶은 것,
갖고 싶고, 되고 싶은 것을

가슴에 품고 살아가는 것만으로도 우리는 행복해집니다.

소원을 이뤄주는 램프의 요정을 만나도
가슴에 품은 소망이 없다면 아무 소용이 없습니다.

나에게 호기심을 가지고
유명한 사람을 인터뷰하듯
내가 나의 팬이 되어 '나'를 인터뷰해 보세요.

셀프 인터뷰

방법

1. 내가 나를 인터뷰합니다.

2. 진지하게 질문을 읽고 답합니다.

3. 질문을 모두 마치고 나서 성찰을 기록합니다.

기대효과

1. 자기 존재 경청을 경험합니다.

2. 더 깊은 나를 만나고 알게 됩니다.

인터뷰 질문에 따라 인터뷰를 시작합니다.

소중한 사람

1. 나에게 소중한 사람은?

----

2. 그 사람이 소중한 이유가 담긴 에피소드가 있다면?

　(육하원칙으로 간단하게 기록한다.)

----

3. 그 사람과 내가 소중하게 생각하는 공통 가치는?

----

4. 그 사람에게 주고 싶은 것은?

----

5. 그 사람에게 받고 싶은 것은?

----

6. 모든 것이 가능하다면 그 사람을 위해 내가 하고 싶은 것은?

소중한 물건

1. 나에게 소중한 물건은?

---

2. 그 물건이 소중한 이유는?

---

3. 그 물건에 담긴 가치는?

---

4. 그 물건을 잃어버리게 된다면?

---

5. 만약 그 물건을 다른 사람에게 선물로 준다면?

나의 감정

1. 내가 힘들 때는?

----

2. 내가 불안할 때는?

----

3. 내가 슬플 때는?

----

4. 내가 스트레스 받을 때는?

----

5. 내가 분노할 때는?

----

6. 내가 행복할 때는?

----

7. 내가 편안할 때는?

----

8. 내가 뿌듯할 때는?

----

9. 내가 자랑스러울 때는?

----

10. 내가 감사할 때는?

나에게 하는 인터뷰 질문을 마음대로 만들어 보세요.

(만든 질문으로 친구와 함께 인터뷰를 나눠도 좋습니다.)

1. 예) 올해 가장 이뤄지길 바라는 것은?

2. 예) 만약 한 달 용돈이 50% 오른다면?

3. 예) 좋아하는 가수의 콘서트 티켓이 두 장 생긴다면?

4.

5.

6.

7.

8.

9.

10.

마음은 어디에 있을까

마음이 어디에 있나요?
흔히 사람들은 가슴, 심장에 마음이 있다고 합니다.
그러나 현대 심리학에서는 뇌가 곧 마음이라고 말합니다.
마음은 뇌와 몸이 주변 세계와 끊임없이 대화하면서
생각과 감정, 욕구를 만들어 낸 결과입니다.

우리는 사물을 눈에 보이는 그대로 보지 않습니다.
각자 뇌에 저장된 감각과 기억,
중요하게 생각하는 가치,
그리고 각자의 지식과 경험에 따라
다르게 보고 다르게 표현합니다.

예를 들어 큰 소리로 말하는 어른을 만났을 때
어떤 사람은 과거의 힘들었던 경험이 떠오릅니다.
그 사람이 큰소리로 말하는 이유와는 상관 없이
자동으로 감정과 생각, 욕구가 만들어집니다.

'위험하다.' '도망치자.' 또는 '공격하자.'

이렇다면 우리는 눈으로 보지 않고
뇌로 본다고 해도 틀린 말은 아닙니다.

뇌는 우리가 숨 쉬는 모든 순간에 관여합니다.
뇌는 생각을 만들고, 감정과 욕구를 만들어 냅니다.
마음을 건강하게 잘 다루고 성장시키려면
뇌를 건강하게 발달시키는 것이 중요합니다.

청소년기는 뇌가 계속 변화하고 발달하는 시기입니다.

좋은 경험을 충분히 하고,
관심이 가는 분야에 열정적으로 집중하고,
편안한 마음을 갖는 것은
뇌의 건강한 발달을 위해 필요합니다.

내 머릿속에는 어떤 마음들이 있을까?

방법

1. 조용히 눈을 감고, 깊고 느린 호흡을 세 번 반복합니다.

2. 나의 머릿속에는 어떤 마음(생각, 감정, 욕구)이 있는지 떠올려 봅니다.

3. 눈을 뜨고 그림으로 표현합니다.

기대효과

1. 마음과 뇌가 서로 연관되어 있음을 인식합니다.

2. 보이지 않는 부분까지 자기 인식 영역이 넓어집니다.

3. 건강한 뇌와 건강한 마음이 서로 연결되어 있음을 압니다.

아래 미완성의 사람 얼굴 그림을 자유롭게 완성해 보세요.

머릿속에 어떤 마음이 있을까요?

다 그린 후 얼굴 표정도 그려보세요.

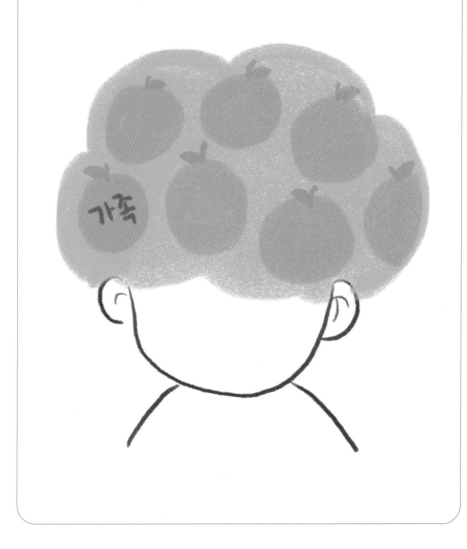

분노 다루기

참을 수 없는 분노를 느낄 때가 있습니다.
어떤 일이 옳지 않다고 생각할 때,
부당하고, 억울한 일을 경험할 때 분노에 휩싸입니다.

분노가 올라왔던 순간,
또는 분노를 표출했던 순간을 떠올려보세요.

다른 사람에게 위압적인 태도로 험한 말과 행동을 퍼부었나요?
혹시 폭력을 휘두르지는 않았나요?

무분별하게 표출한 분노의 에너지는
가족과 친구, 선생님 등 가까운 사람들의 마음을 아프게 하고,
인간관계를 불편하게 합니다.
결국 자기 자신에게 피해로 돌아옵니다.

분노는 2차적 감정입니다.

실제 분노의 원인에는 눈앞에서 벌어진 사건이 아닌
보다 근원적인 이유가 있습니다.

열등감과 좌절감, 거절과 실패에 대한 두려움,
질투와 아픈 기억으로부터 갖게 된 상처를 건드리는
말이나 상황 등을 만나면 자기도 모르게 분노가 폭발합니다.

분노는 습관이 됩니다.
분노하는 자신이 싫지만 분노를 폭발하면
불편한 감정을 잠시 회피할 수 있습니다.
사람들이 함부로 대적하지 못하게 되니 잠시 위력을 느끼기도 합니다.

그러나 분노를 조절할 줄 모르는 사람과는
누구도 함께하기를 원치 않습니다.
고집부리기, 삐딱한 태도로 부정적인 말하기,
꾸물거리며 해야 할 일을 미루기,
스스로 게으른 사람이라 말하기 등의 소극적인 방법으로
분노를 표출하는 경우도 있습니다.

누가 봐도 화가 난 것을 알 수 있게 밖으로 표출하는 분노와
소극적으로 뭉기적거리며 느리고, 게으른 것처럼 행동하는 것은
가족과 주변 사람 모두를 불행하게 합니다.

자기 자신은 물론이고요.

그럼, 분노를 어떻게 다루고 표현할까요?

우리가 살며 누리는 세상 모든 것은
원치 않는 일이나 상황을 그저 보아 넘기지 않고,
자신이 경험한 불편을 자기방어나 타인을 공격하는 데 사용하는 대신
삶을 개선하는 데 사용함으로써 창조된 것들입니다.

성숙하지 않은 방식으로 분노를 표출하는 것은
어떤 경우에도, 누구에게도 도움이 되지 않습니다.

분노의 순간에는 근육이 긴장되고, 심장이 뛰고,
체온이 올라가고, 소화가 잘되지 않는 등 몸이 신호를 보냅니다.
이러한 신호가 올 때에는 잠시 멈추고 나에게 집중합니다.
그 순간 진정 원하는 것에 집중합니다.

분노의 감정을 변화와 성장의 에너지로
사용할 줄 아는 것은 지혜입니다.
우리는 연습을 통해 '분노 다루기'를 배울 수 있습니다.

분노 다루기

방법

1. 아래 제시된 분노 다루기 프로세스에 따라 스스로 묻고 답하며 셀프 코칭을 합니다.

2. 마음을 털어놓아도 좋은 친구와 짝을 지어 질문하고 답하며 나눌 수도 있습니다.

3. 글로 써도 좋고 말로 해도 좋습니다.

4. 질문에 답하는 과정에서 힘든 마음이 올라오면 언제든 멈출 수 있습니다.

5. 연습을 다 마치고 나서 잠시 산책을 하거나 조용히 휴식 시간을 갖습니다.

기대효과

1. 분노할 수 있다는 것을 인정하고 수용합니다.

2. 분노가 올라올 때 스스로 다룰 수 있습니다.

3. 스스로 감정을 돌보는 가운데 자존감이 자랍니다.

분노 다루기 셀프 코칭 질문 순서에 따라 답합니다.

1. 눈을 감고 호흡에 집중하며, 잠시 고요하게 머뭅니다.

2. 내가 분노했던 그때, 거기, 그 사람을 떠올립니다.

3. 그 상황을 육하원칙(누가, 언제, 어디에서, 무엇을, 어떻게, 했나)으로
   표현합니다.

----

4. 그때의 감정을 실제상황처럼 느껴봅니다. (할 수 있는 만큼만 합니다. 힘들고
   불편한 마음이 올라온다면 멈추고, 깊은 심호흡을 하거나 산책을 합니다.)

5. 나에게 질문합니다. "내가 그때 정말 원했던 것은 무엇이지?"

----

6. 만약 모든 것이 가능하다면 또는 시간을 되돌릴 수 있다면, 나는 그때, 거기, 그 사람에게 화내지 않고 뭐라고 말하고 싶은지 떠올려봅니다. 그리고 실제처럼 말해 봅니다.

예) 나의 친구 관계에 대해 함부로 말하는 부모님께 큰소리로 상관 말라 말하고, 문을 쾅 닫고 걸어잠그는 행동을 했다면 그 말과 행동을 했을 때를 느껴보고, 정말 원했던 것을 생각해서 말로 표현합니다. "내 친구들은 나에게 힘이 되고 위로도 되는 좋은 아이들입니다. 저를 사랑한다면 제 친구들도 존중해주세요." 담담한 표정으로 이렇게 말할 수 있답니다.

----

7. 말을 하고 나니 어떤 마음이 올라오나요?

----

8. 그때의 나에게 지금의 내가 한마디 위로와 격려의 말을 해준다면 어떤 말을 해주고 싶은가요?

----

9. 그 말을 다른 누구에게 듣길 원하나요?

----

10. 스스로 묻고 답하며 셀프코칭 대화를 하며 알게 된 것은 무엇인가요?

----

11. 잠시 산책을 하거나 조용히 머무르며 차나 물을 마시며 나를 돌보는 시간을
갖습니다.

나의 분노를 알아차리게 해주는 'STOP 리마인더' 만들기

방법

1. 분노의 순간, 나를 멈추게 할 이미지를 떠올립니다. (단순히 분노를 멈추게 하는 것이 아닌, 바라보면 기분이 좋아지는 이미지가 좋습니다.)

2. 이미지나 문장 등, 원하는 방식으로 표현합니다.

3. 짝에게 나의 'STOP 리마인더'를 소개합니다.

4. 이미지를 눈에 잘 보이는 곳(방문, 핸드폰, 책상 등)에 두고 사용합니다.

기대효과

1. 분노가 일어나려는 순간을 인식할 수 있습니다.

2. 스스로 멈추고 마음을 돌볼 시간을 가질 수 있습니다.

3. 불편한 감정이 올라오는 순간에 대해 담담하게 이야기할 수 있습니다.

'STOP 리마인더'는 분노가 일어나려고 하는 순간, 분노를 멈추고
잠시 생각하며 분노 다루기 셀프 코칭을 할 수 있게 도와줍니다.
나만의 이미지를 담아 'STOP 리마인더'를 만들어 봅니다.

우울이 찾아왔을 때

친구들과 노는 것도 재미없고,
식욕도 떨어지고, 잠도 잘 못 자고
인생이 무의미하다는 생각도 든다고요?

우울이 찾아왔을 때 나타나는 초기 증상입니다.

우리는 사랑하는 대상을 상실하거나
간절히 바라고 기대하던 일이 실패로 끝났을 때
깊은 슬픔과 함께 우울을 경험합니다.
이럴 때 나타나는 우울과 슬픔은 지극히 정상적인 마음의 반응입니다.

우울은 '마음의 감기'라는 말이 있습니다.
잘 먹고, 잘 쉬면 감기가 낫듯이
우울한 마음도 잘 돌보는 것이 중요합니다.

우울이 찾아왔을 때

몸과 마음의 에너지를 충전하는 시간을 가져보세요.
나에게 집중하고, 내 마음의 소리에 귀 기울이는 시간을 갖는다면
미처 몰랐던 나의 새로운 면을 만날 수 있답니다.
더 나아가 한층 성장하는 시간이 되기도 합니다.

그러나 우울한 마음이 한 달 이상 지속되면 위험합니다.
이럴 때는 도움을 요청해야 해요.

오랫동안 우울한 상태에 있으면 스스로 자각하지 못하게 됩니다.
헤어나오기 힘든 깊은 절망과 무기력으로
삶 전체가 의미 없다는 생각에 빠져들 수도 있답니다.

우울이 찾아왔다면
마음의 소리에 귀 기울이세요.
나는 세상에서 가장 소중한 사람입니다.
나를 존중하고 사랑하세요.
따듯하고 안전한 공간에 머무세요.
좋은 것을 먹고, 편안한 시간을 가지세요.
믿을 수 있는 어른에게 도움을 청하세요.

고민상담소

방법

1. 편지지와 봉투, 수성 사인펜을 준비합니다.

2. 지금 나를 힘들게 하는 고민을 기록합니다.

3. 익명으로 기록한 후 봉투에 담습니다.

4. 봉투를 모두 섞어서 다른 친구의 편지를 받아 읽습니다.

5. 편지를 다 읽고 나서 친구의 고민에 긍정적인 위로가 담긴 피드백을 남깁니다.

6. 편지를 다시 봉투에 담고 섞어서 다른 친구의 편지를 받아 읽습니다.

7. 편지를 다 읽고 나서 친구의 고민에 긍정적인 위로가 담긴 피드백을 남깁니다.

8. 이와 같이 여러 번 반복합니다.

9. 끝으로 익명의 편지를 하나씩 받습니다. 편지의 주인공이 평안하고, 행복하고,
   건강하기를 바라며 마음을 전합니다.

10. 물이 담긴 그릇에 편지를 넣고 사연이 녹아 사라지게 합니다.

기대효과

1. 고민을 글로 쓰는 가운데 나의 현재 상황을 인식할 수 있습니다.

2. 익명의 편지를 돌려 읽으며 서로 다르지 않음을 발견합니다.

3. 나 혼자만이 아니라는 생각에 힘을 얻습니다.

4. 친구의 고민에 긍정적인 위로가 담긴 피드백을 쓰면서 나의 문제에 대한
   해결책도 발견하게 됩니다.

5. 서로에게 사랑과 연민의 마음을 보내며 함께임을 알게 됩니다.

지금 나를 힘들게 하는 고민을 담아 편지를 씁니다.

(자신이 누구인지 드러나지 않게 이름을 쓰지 않습니다.
여럿이 함께할 때는 별도의 편지지에 써서 돌려 읽으며 피드백합니다.)

인정과 응원의 마음을 담은 말이 떠오르지 않을 때 참고하세요.

괜찮아, 잘 될 거야.

너보다 더 귀한 건 아무것도 없어.

그동안 애썼어.

난, 언제나 네 편이야.

이제 마음의 소리를 들어 봐.

네 삶의 주인은 바로 너야!

고마워.

사랑해.

쉬어가도 괜찮아.

모든 문제에는 해결책이 있어.

뭐든 할 수 있어.

다 지나갈 거야.

꿈을 이루는 재료는 이미 네 안에 다 있어.

잠시 멈춰도 돼.

이제 문을 열고 나가 봐.

91

활동을 마치고 나서 물이 담긴 그릇에 편지지를 넣습니다.
물에 글이 씻겨 사라지는 것을 보며 편지의 주인공이
평안하고, 행복하고, 건강하기를 바라는 마음을 전합니다.

고민상담소 활동을 마치며 어떤 마음이 들었나요?

한 줄 문장으로 표현해 보세요.

불안한 나에게

시험을 앞두고 있거나, 불확실한 미래를 떠올릴 때,
혹은 낯선 사람들과 함께 과제를 수행해야 하거나,
누군가에게 평가를 받아야 할 때처럼
내가 통제할 수 없고, 예측할 수 없는 상황에서
우리는 불안을 느낍니다.

불안은 말 그대로 불안정한 상태에서 느끼는
편안하지 않은 마음입니다.
불안할 때 우리는 근심과 걱정이 가득 차오르고, 마음이 답답합니다.
급박한 불안이 올 때는 맥박이 빨라지고, 호흡이 가빠집니다.
아드레날린이 증가하고, 작은 일에도 예민하게 반응합니다.
드넓은 초원을 뛰어다니고 동굴 생활을 하며
맹수의 위협이 언제 닥칠지 몰라
불안한 삶을 살아온 존재, 원시 인류의 모습과 다르지 않습니다.

우리 안에는 원시시대부터 이어져온 인류의 유전자가 들어 있습니다.
그래서 위험을 느끼거나 불확실한 상황이 되면 불안을 느낍니다.
불안은 인류의 생존 방식에서 비롯된 오래된 감정입니다.

불안이 나쁜 것은 아닙니다.
불안은 우리를 준비하게 합니다.
불안은 우리를 안전하게 지켜주는 신호등과 같습니다.
그러나 지나친 불안은 고장 난 경보기처럼 삶을 불편하게 합니다.

나를 불안하게 하는 상황이나 사람, 사물, 생물 등이 있나요?
나의 불안과 조금은 친해져 보세요.
모든 감정에는 다 이유가 있습니다.
불안이 올라올 때는 가만히 불안과 이야기를 나눠 보세요.
나의 불안이 들려주는 이야기를 가만히 들어보세요.

감정은 우리의 지금 상태를 알려줍니다.
우리가 편안해지는 방법을 알려주는 고마운 마음입니다.

마음이 마음에게

방법

1. 차분히 앉아 깊고 느린 호흡을 세 번 합니다.

2. 마음이 하는 이야기에 귀 기울입니다.

3. 대화를 나누듯이 혹은 그저 쓰고 싶은 대로 노트에 기록합니다.

4. 15분에서 20분 정도 내 마음의 소리를 기록합니다.

5. 20분이 지나면 더 쓰고 싶어도 멈춥니다.

6. 글을 쓰며 알게 된 것을 한 줄 문장으로 기록합니다. 오늘의 명언을 적듯이 깨달은
   것을 적습니다.

7. 노트를 준비해서 매일 아침 일과 시작하기 전에 씁니다.

기대효과

1. 마음에서 올라오는 것을 정직하게 쓰는 활동은 상담을 받는 것과 같은 효과가
   있습니다.

2. 언제든지 할 수 있으나 불안이나 분노, 우울한 감정을 느낄 때 더욱
   효과적입니다.

3. 매우 쉬운 방법으로, 보이지 않는 마음을 볼 수 있게 됩니다.

나를 불안하게 하는 상황, 사람, 사물, 생물이 있나요?

내 마음과 이야기를 나누며 자유롭게 마음 가는 대로

글과 그림으로 15분~20분간 기록합니다.

* 마음이 마음에게

불안한 나를 위한 셀프 코칭

방법

1. 불안이 느껴질 때 느리고 깊은 숨을 세 번 이상 쉽니다.

2. 질문 순서대로 묻고 답합니다. (혼자 또는 편한 친구나 어른과 할 수 있습니다.)

3. 질문을 다 하고 나서 나에게 편지를 씁니다.

기대효과

스스로 자신의 불안을 마주하고 돌볼 수 있습니다.

불안한 나를 위한 셀프 코칭 질문

1. 최근에 어떤 일로 마음이 불안했나요?

----

2. 내가 불안을 느낀 까닭은 무엇인가요?

----

3. 그때 나는 불안과 함께 어떤 감정을 느꼈나요?

----

4. 나의 신체에는 어떤 반응이 일어났나요?

----

5. 그래서 어떻게 행동했나요?

----

6. 내가 정말 원하는 것은 무엇인가요?

----

7. 만약 나에게 문제를 해결할 용기와 지혜가 있다면 비슷한 문제로 불안이 올라올
   때 어떻게 하고 싶은가요?

----

8. 나에게 마음을 담아서 다음에는 어떻게 할지 말해 주세요.

----

9. 이 질문을 하며 새롭게 알게 된 것은 무엇인가요?

나에게 쓰는 편지

셀프 코칭을 하며 알게 된 마음을 담아 나에게 용기를 주는 편지를 씁니다.

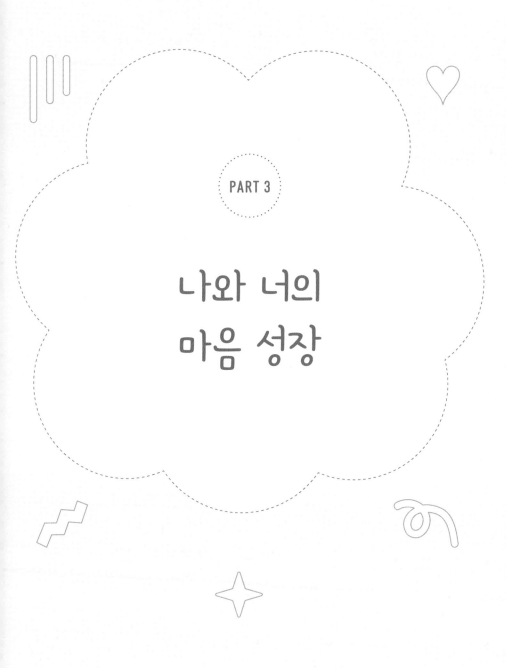

PART 3

나와 너의
마음 성장

우리는 서로 긴밀하게 연결된 세계에서 살고 있습니다.

코로나 펜데믹은 우리가 홀로 살아갈 수 없는 존재라는 것을

확실하게 가르쳐 줬습니다.

우리는 북극의 곰이 삶의 터전을 잃는 것을 걱정하고,

우크라이나 전쟁으로 죽어가는 아이들의 모습에 가슴 아파합니다.

국경 너머의 다른 나라와 다른 대륙의 일이

남의 일이 아님을 압니다.

마음이 성장하고 의식이 높은 사람은

자기만을 위한 삶을 살지 않습니다.

우리는 가정의 구성원으로 태어나고 자랍니다.

동시에 크고 작은 공동체, 예컨대, 학급, 학교, 마을과 사회, 국가,

그리고 국경 너머의 세계와 우주의 일원으로

서로 영향을 주고받으며 살아갑니다.

내가 내 마음을 깊이 느끼고, 사랑하고 존중하면

다른 사람과 다른 생명체에게도 전해집니다.

우리는 서로 정성스럽게 대하고, 사랑하며 살 때 더 행복합니다.

3장에서는 보다 적극적으로 친구와 1:1로 짝을 지어,

혹은 그룹으로 활동해 보길 권합니다.

물론 혼자서 글을 읽고, 질문에 답하며,

내 마음을 알아가는 데 집중해도 좋습니다.

마음을 나누고 싶은 친구(사람)는 누구인가요?

마음은 서로 나눌 때 더 쉽고, 빠르게 성장합니다.

자! 이제 시작해 볼까요?

자존심, 자신감, 자존감 스토리

자존심과 자신감 그리고 자존감은 서로 닮았지만 각각 다른 개념입니다.

자존심

자존심은 남에게 굽힘이 없이 자기 스스로 높은 품위를 지키는 마음입니다. 그러나 함께 살아가는 세상에서는 때론 자존심을 잠시 내려놓고 규칙을 따라야 할 때도 있습니다. 지나친 자존심은 집단의 요구를 고려하지 않고, 자기가 하고 싶은 대로만 하려 하고, 결국 비이성적인 행동을 하게 합니다. 공동체 생활이 어렵고, 싸움과 다툼의 원인이 됩니다.

그러나 자존심이 너무 약할 때도 문제가 됩니다. 항상 자신이 부족하다고 생각하고, 문제가 생겼을 때 무조건 자기 탓을 하고 스스로를 비난합니다. 폭력적이거나 부당한 상황에서도 적절하게 반응하지 못합니다.

자기애가 강한 사람은 유독 자존심이 강합니다. 이들은 자기 자존심만 챙기고 남의 자존심은 무시하는 이중적인 형태를 보이기도 합니다.

자신감

자신감은 자기 스스로를 믿는 감정입니다. 할 수 있다는 믿음입니다. 자신감은
주로 성취와 관련이 있습니다. 자신감이 있는 사람은 새로운 일에 도전을 잘합
니다. 실패를 해도 긍정적인 마음으로 실패에서 배울 수 있는 교훈을 찾고, 다시
도전합니다. 자신감이 부족하면 발표를 하거나, 누군가에게 고백할 때, 혹은 시
험을 볼 때에 어려움을 겪습니다.

그러나 자신감이 지나치면 자만심이 되기도 합니다. 자만심에 빠지면 다른 사람
을 무시하고 함부로 대하며, 배려하지 않는 예의 없는 모습을 보이기도 합니다.

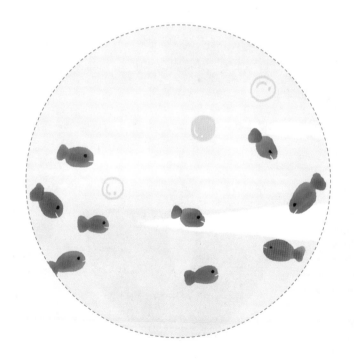

자존감은 스스로를 가치 있는 존재로 여기고 자신을 사랑하는 감정입니다. 자신의 장점과 단점을 잘 알고 있으며, 다른 사람의 생각과 말에 크게 영향을 받지 않습니다. 자기 자신을 사랑하고 존중하는 만큼 주변 사람도 사랑하고 존중합니다. 자존심을 내세우지 않으며, 자신감이 넘칩니다.

자존감 개념의 아버지라 불리는 미국 심리학자 나다니엘 브랜든(Nathaniel Branden)은 "불안과 우울증, 친밀감이나 성공에 대한 두려움, 가정폭력 등 우리가 살아가면서 겪는 심리적 어려움과 사회 문제는 낮은 자존감이 원인"이라고 말합니다.

어린 시절에 적절한 관심과 애정을 받으며, 실수나 실패에도 인정과 수용을 받고, 적절한 돌봄과 사랑을 받으며 자랐다면 흔들리지 않는 자존감을 갖게 됩니다. 그러나 비난과 비판, 정서적·육체적 학대를 받는 환경에 있었다면 자존감에 손상을 입게 됩니다.

자신을 믿고, 존중하는 것처럼 다른 사람도 배려하고 존중하는 사람을
우리는 자존감이 높은 사람이라 말합니다.
높은 자존감을 위해 매일 나와 마주하는 시간을 가져봅니다.
이제 더 이상 어린아이가 아닌 우리는
스스로 자존감을 관리하고 성장할 수 있습니다.

먼저 나를 귀하게 여기는 마음을 가져봅니다.
매일 아침 거울을 보며 '나는 나를 사랑한다.'라고 말합니다.
마음속에서 어떤 부정적인 소리도
들리지 않을 때까지 반복하여 실행합니다.
매일 아침마다 이렇게 하다 보면
나에 대해 많은 것을 새롭게 발견하게 됩니다.
사랑하는 마음도 자라납니다.
흔들리지 않는 자존감은 이런 작은 실천으로부터 시작됩니다.

지금 나의 이름을 부르며
"OO아! 내가 너를 사랑한다."
"OO아! 내가 너를 응원한다."
"OO아! 내가 너와 언제나 함께할게."
라고 마음을 전해 봅니다.

내가 듣고 싶은 말, 내 자존감을 활짝 웃게 하는 말을 써 보세요.

자존감 나무

방법

1. 질문에 답하며 지나온 시간 속에서 나의 모습을 떠올려봅니다.

2. 나에게 호기심을 갖고 적극적으로 묻고 답하며 기록합니다.

3. 겸손은 잠시 잊어버리고, 자신감을 갖고 나를 표현합니다.

4. 질문에 답한 다음, 자존감 나무를 나만의 스타일로 색을 칠하거나 그림을 그려 표현합니다.

5. 이 활동은 혼자서 묻고 답하며 해도 좋고, 친구와 1:1로 또는 그룹으로 해도 좋습니다.

기대효과

1. 지나온 시간에서 자원을 찾을 수 있습니다.

2. 별거 아니라 생각했던 일들을 새롭게 바라보게 됩니다.

3. 자신감과 자존감의 재료를 이미 가지고 있음을 발견합니다.

자존감 나무

1. 나에 대한 표현 중 긍정적인 것 세 가지는 무엇인가요?

----

2. 내가 과거에 받은 칭찬의 말을 떠올려 봅니다. 어떤 칭찬의 말을 들었나요?

----

3. 나의 재능과 외모, 개성, 우정 등 자랑하고 싶은 것은 무엇이든 자랑해 보세요.

----

4. 내가 도움을 준 일을 떠올려봅니다. 언제 누구에게 어떤 도움을 주었나요?
   그때를 떠올리면 어떤 마음이 올라오나요?

----

5. 내가 도움받은 일을 떠올려 봅니다. 언제, 누구에게, 어떤 도움을 받았나요?
   그때를 떠올리면 어떤 마음이 올라오나요?
   예) 도움: 3~8살 때 부모님이 바쁘셔서 할머니가 나를 돌봐주셨다.
       마음: 그땐 화가 많이 나고 속상해서 감사한지 몰랐는데 지금 생각하니
       할머니가 보고 싶고 눈물이 난다.

   도움:

   마음:

----

6. 자신과 타인을 사랑하고 존중하는 사람, 자존감이 높은 내가 되기 위해
   더 배우고 키워야 할 것이 있다면 무엇인가요?

----

7. 나를 표현하는 자존감 나무를 그려봅니다. 보기만 해도 기분이 좋아지는 자존감

나무를 자유롭게 그려보세요. (앞의 질문(1~6)에 답하며 알게 된 것을 담아 나를

상징하는 나무를 그려봅니다. 다양한 재료를 사용해도 좋습니다.)

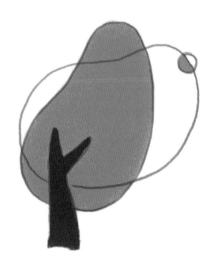

8. 나무를 완성한 후 그룹에서 한 사람씩 발표하고, 서로 인정과 지지의 마음을
표현합니다.

강점 찾기

우리는 나에 대해 많은 생각을 합니다.

나는 무엇이 되고 싶은가?
나는 무엇을 잘하는가?
나는 무엇을 좋아하는가?

많이 생각하고 질문해 보아도 내가
무엇이 되고 싶은지, 무엇을 좋아하고 잘하는지 잘 모르겠습니다.
세상에는 나보다 멋진 사람이 너무 많습니다.

비교하는 마음을 멈추고 나를 바라봅니다.
나는 그냥 나일 뿐입니다.
이 세상에 누구도 나와 같지 않습니다.
나만이 가진 독특함이 있습니다.

강점이란 타인과 비교해서 더 우월한 점이라고 말할 수 있습니다.

그러나 강점은 나와 타인의 다른 점에서 찾을 수도 있습니다.

내가 다른 사람과 다른 것은
나의 삶이 다르고, 경험이 다르고, 지식이 다르고,
태어날 때부터 다른 유전자를 가지고 있기 때문입니다.

팔도 다리도 없는 몸으로 태어난 닉부이치치는
'사지 없는 인생'이라는 회사를 세워 스스로 대표가 됐습니다.
특별하게 태어난 자신의 신체를 최고의 강점으로 생각하며
전 세계 사람들에게 희망을 전하는 것이 그의 직업입니다.

책과 오디오북을 펴내고, 방송과 강연을 하며
자신의 몸이 가진 취약함을 있는 그대로 보여줍니다.
그럼에도 불구하고 하고 싶은 일에 거침없이 도전하며
살아가는 모습은 우리에게 감동을 줍니다.

나는 누구인가?
나는 어떤 강점을 가졌나?
내가 가진 특별함은 무엇인가?

우리가 강점을 사용하게 되면 몰입이 쉬워집니다.
이미 가지고 태어난 것이기에 자연스럽고,

쓰면 쓸수록 기분이 좋아지고 활력이 차오릅니다.
쉽게 지치지 않습니다.
서로 다름에서 출발하기에 협력합니다.

모두가 똑같은 것을 잘하려고 애쓰지 않아도 됩니다.
우리는 각자 태어날 때부터 다르게 태어났습니다.
남과 다른 나, 그것이야말로 최고의 강점입니다.
우리는 모두 애쓰지 않아도
이미 강점을 가지고 태어난 존재입니다.

배움을 즐기는

추진력 있는

신념이 강한

감정에 집중하는

존재감 있는

강점 상점

방법

1. 강점 상점에서 원하는 강점 열 개를 쇼핑합니다. (강점 카드는 A4용지를 세 번 접고 8등분하여 활용할 수 있습니다.)

2. 그중에서 다섯 개를 고릅니다.

3. 그룹 친구들에게 자신의 강점 다섯 개를 소개합니다.

4. 모두 소개한 후 서로 강점을 교환합니다. (친구가 소개하는 강점을 들으면서 미처 생각하지 못했던 나의 강점을 발견할 수 있습니다.)

5. 서로 맞교환하며 나에게 지금 도움이 되는 강점 다섯 개를 모읍니다.

6. 그중 세 개를 선택합니다.

7. 세 개의 강점을 넣어 나를 표현하는 강점 슬로건을 만듭니다.

8. 강점을 마음껏 사용하는 나를 상상하여 그림으로 표현합니다.

9. 친구들 앞에서 선포합니다.

기대효과

1. 나의 강점을 발견합니다.

2. 친구들의 강점을 발견하고 축하합니다.

3. 강점 카드를 교환하며, 아직 발휘하지 않은 잠재력을 발견합니다.

4. 강점을 담은 나의 슬로건을 선포하면 자신감이 생기고, 자존감이 올라갑니다.

강점 상점

다음 단어를 모두 읽어봅니다. 읽으며 나의 강점이라 생각하는 것을 선택합니다.
아직 사용한 적은 없지만 갖길 원하는 강점을 선택해도 좋습니다. (빈칸에는 스스로
강점이라 생각하는 것을 자유롭게 적어봅니다.)

가능성을 보는	성장을 돕는	공감하는	긍정적인	원칙을 지키는	민감한
배움을 즐기는	독창적인	분석적인	사교적인	성취감이 높은	정보를 모으는
승부욕이 있는	추진력 있는	심사숙고하는	연결됨을 믿는	신념이 강한	유연한
전략적인	관계를 중요시하는	정리정돈을 잘하는	존재감 있는	주도적인	자기성찰적인
목표지향적인	책임감 있는	계획적인	감정에 집중하는	이야기를 즐기는	수용하는
행동으로 옮기는	중재하는	활기찬	성실한	이타적인	예민한

1. 강점 상점에서 원하는 강점 열 개를 쇼핑합니다. 없는 것은 직접 써도 좋습니다.

---

2. 그중 다섯 개를 선택합니다. 자신이 뽑은 강점을 그룹에 소개합니다.

---

3. 친구들의 강점 소개를 들으며, 지금 나에게 도움이 되는 강점을 가진 친구와 서로 맞교환합니다. (내 안에 가지고 있지 않은 것은 나를 설레게 하지 않습니다. 친구의 강점을 보고 '아하! 나도 있는 것 같은데!'라는 생각이 들었다면 아직 발견하지 못한 나의 강점일 수도 있습니다. 축하합니다.)

4. 교환을 마친 후 다섯 개의 강점 중 나를 표현하는 강점 세 개를 선택합니다.

---

5. 세 개의 강점 단어를 넣어서 나를 표현하는 강점 슬로건을 만듭니다.

예) 나는 주도적이며, 책임감이 강하고, 유연합니다.

----

6. 강점을 마음껏 사용하는 나를 이미지로 표현합니다. 사람으로 표현해도 좋고, 사물이나 동물, 식물로 표현해도 좋습니다. 만화로 그려도 좋습니다.

마음의 울타리

아무리 친한 사이라 해도
말할 수 있는 것과 없는 것이 있습니다.
서로 지켜야 할 예의가 있습니다.
가족도 마찬가지입니다.
각자 좋아하는 것이 다르고, 편안하게 생각하는 것이 다릅니다.
어릴 때는 뭐든 부모님, 가족과 함께했지만
자라면서 나만의 세계가 생깁니다.

우리는 가끔 도와주고 싶은 마음에 또는 너무 친하다고 생각해서,
물어보지도 않고 친구나 가족의 개인 영역을 침범할 때가 있습니다.
내 주변 사람들이 내 감정과 욕구, 생각은 물어보지도 않고
지나친 요구를 하거나 함부로 대할 때도 있습니다.

선을 넘는 침범에 불편한 마음을 표현하면 이렇게 말합니다.
"무슨 친구가 그러냐."
"무슨 가족이 이러냐."

이런 말을 들으면 우리는 미안한 마음이 들어서
그냥 아무렇지 않은 듯 넘어갑니다.

우리는 친구, 가족이기 이전에 하나의 개인입니다.
내가 안전하고, 편안하다고 느끼는 마음의 울타리가 침범당했을 때
불안하고, 불편하고, 불쾌합니다.

나, 너, 우리가 평화롭게 공존하며 살아가기를 원한다면
서로의 울타리를 존중해야 합니다.
나의 마음에 귀 기울이며, 내 생각과 감정, 욕구가 원하는 것을
무시하지 않아야 합니다.

평소 친하게 지내는 친구나 가족일지라도
나의 허락 없이 내 울타리를 침범했을 때는
단호하게 마음을 표현하는 것이 더 건강한 관계를 만듭니다.

건강한 관계란 어떤 모습일까요?
숲을 떠올려보세요.

숲은 멀리서 보면 빽빽한 나무들의 군락으로 보입니다.
그러나 그 속으로 들어가 보면 건강한 숲일수록
나무들은 서로 적당한 간격을 유지하고 서 있습니다.

각자 자기 자리에서 굳건하게 서서 자기 삶을 살아내고 있습니다.

그러나 비바람이 몰아치고 세찬 바람이 불어올 때면
땅속 깊숙한 곳에서 서로의 뿌리를 맞잡고 의지합니다.
스러지지 않게 꽉 잡아줍니다.

친구도 가족도 숲속 나무들처럼
서로 굳건하게 연결되어 있지만
각자의 안전지대를 지켜줄 때
더 건강하고 아름답습니다.

마음 정원에 꽃 가꾸기

방법

1. 꽃 그림의 가운데 원에 자신의 이름을 씁니다. (책의 이미지를 참고하여 별도의
   종이에 꽃 이미지를 자유롭게 표현해도 좋습니다.)

2. 꽃잎 하나에 자신의 긍정적인 면을 씁니다.

3. 왼쪽으로 돌려가며 꽃잎 하나에 친구의 좋은 점을 글 또는 그림으로 표현합니다.
   (서로를 존중하며 내가 발견한 친구의 긍정적인 점을 기록합니다.)

4. 친구들이 꽃잎 하나에 한 가지씩 쓴 자기의 꽃을 받습니다.

5. 둘러앉아 친구들이 써준 좋은 말을 읽고, 소개합니다.

6. 그중 가장 마음에 드는 좋은 점을 선택하고 소개합니다.

기대효과

1. 내가 나를 긍정적으로 표현할 때 나의 울타리를 안전하게 지킬 수 있다는 것을
   경험합니다.

2. 서로의 울타리를 존중하는 편안하고 좋은 대화를 경험으로 배웁니다.

3. 서로의 좋은 점을 인정하고 칭찬하면서 따뜻한 공동체가 되는 경험을 합니다.

마음 정원에 꽃 가꾸기

매력있어!

최선을 다한다.

꽃잎에 적힌 단어 중 가장 마음에 드는 것은 무엇인가요?

그렇게 생각하는 이유는 무엇인가요?

마음이 마음에게

우리는 빠르게 변화하는 시대에 살고 있습니다.
잠시도 머무르지 못하고 살아갑니다.

해야 할 일이 날마다 넘치고
오늘 할 일을 다 하지도 못했는데
내일은 또 내일 해야 할 일이 주어집니다.

계속 이렇게 살아가야 하는 것인지 의문을 품어 보지만
다른 방법을 알지 못하기에 열심히 달리고 또 달려봅니다.

누군가는 저만큼 앞서 달려가고
또 누군가는 저만큼 뒤에 있는 듯 보입니다.

잠시 하던 일을 멈추고
깊고 느린 숨을 쉬어봅니다.

고요한 가운데 깊고 느리게 숨을 들이쉬고 내쉬는 행동만으로도
내 안의 나와 만날 수 있습니다.

마음을 성장시키는 가장 확실한 방법은
매일 내 생각과 감정을 알아차리고,
원하는 것과 원하지 않는 것을 인식하는 것입니다.

이렇게 내 마음의 소리를 듣다 보면
친구나 가족, 주변 사람들의 마음도 잘 보입니다.

서로를 존중하며 나누는 다정한 대화는
자존감을 높여주고, 마음을 따듯하게 합니다.
우리를 행복하게 하고, 몸도 마음도 건강하게 합니다.

내 마음이 따뜻했던 날

방법

1. 두 명이 짝이 되어 마주 앉습니다.

2. 한 사람이 질문하고 다른 사람은 답을 합니다. (답하기 힘든 질문에는 '다음'이라고 말하고 넘어가도 좋습니다.)

3. 역할을 바꿔서 질문하고 답합니다.

4. 질문과 답을 하며 서로에 대해 새롭게 알게 된 것을 나누고, 인정, 지지, 응원의 마음을 나눕니다.

기대효과

1. 서로 더 깊이 알게 됩니다.

2. 묻고 답하는 가운데 다정한 대화의 방법을 자연스럽게 경험합니다.

3. 얼굴을 마주하고, 눈을 맞추며 나눈 대화의 경험은 자신감과 자존감을 키워줍니다.

'내 마음이 따뜻했던 날' 대화 질문

1. 안녕? 반가워. (인사를 나눕니다. 먼저 질문할 사람을 정합니다.)

2. 요즘 네 마음을 날씨로 표현하면 어떤 날씨야?

3. 그렇게 생각하는 이유는?

4. 지금까지 살아오면서 마음이 가장 따뜻했던 날이라고 생각하는 날이 있다면?

5. 그렇게 생각하는 이유는?

6. 따뜻했던 날의 기억을 떠올리면 어떤 마음이 들어?

7. 만약 모든 것이 가능하다면 뭘 하고 싶어?

8. 그렇게 되길 바라는 이유는?

9. 원하는 것을 이루기 위해 지금 할 수 있는 것은?

10. 내가 도와 줄 것이 있다면 뭘까?

11. 대화를 마치며 스스로에게 어떤 말을 해주고 싶어?
    (질문자는 대화를 나누면서 알게 된 것에 대해 인정, 칭찬, 지지의 마음을
    전합니다.)

마음을 만지는 공감의 말

마음을 담아 건네는 한마디의 말이
가슴을 뭉클하게 했던 경험이 있나요?
평소 나를 잘 알아주는 친구나 가족이라면 감동은 더 커집니다.

"그동안 애썼어." "정말 대견하다."
"너니까 해 낸 거야." "난 언제나 네 편이야."
"넌 뭐든 할 수 있어." "사랑해."

"쉬어가도 괜찮아." "냇물처럼 그저 흐르는 거야."
"다 지나갈 거야." "네 삶의 주인은 바로 너야."
"모든 문제에는 해결책이 있어." "이제 마음의 소리를 들어봐."

"네 잘못이 아니야." "너보다 귀한 건 아무것도 없어."
"곧 꽃도 피고 열매도 맺을 거야."
"원하는 삶으로 가는 데 필요한 모든 재료와 지혜는
이미 네 안에 있어."

"온 우주가 너를 돕길 기다리고 있어."
"괜찮아, 잘 될 거야."

어떤가요?
마음을 만져주는 공감의 말이 가진 힘이 느껴지나요?
오랫동안 숨죽이며 참고 있던 마음도
나를 이해해 주는 공감의 말을 만나면
사르르 녹아내립니다.

가슴이 뭉클하고,
코끝이 시큰하고,
눈물이 왈칵 쏟아져 내립니다.

지금 내 마음을 만져준 한마디는 무엇인가요?
그 말을 누구에게 들으면 더 좋을까요?

아하! 그래요.
그럼 용기를 내어 요청해 보세요.

눈으로 말로 안아주기

방법

1. 두 명 또는 네 명, 여섯 명이 짝을 지어 마주 보고 앉습니다.
2. 한 명씩 돌아가면서 최근 한 달 또는 일주일 동안 있었던 일 중 나누고 싶은 일을 3분 동안 이야기합니다. (속상했던 일, 자랑하고 싶은 일, 흥미로운 경험 등)
3. 모두 다정한 눈으로 응시하며, 호기심을 가지고 듣습니다.
4. 충고하거나 조언하거나 평가하지 않고, 가만히 바라보며 침묵으로 듣습니다.
5. 3분 이야기를 마치면 한 사람씩 친구의 마음을 안아줄 수 있는 인정과 응원의 말을 전합니다. (앞서 제시한 공감의 말을 참고해도 좋습니다.)
6. 그룹 구성원 모두 한 사람씩 돌아가며 같은 방식으로 진행합니다.
7. 다 마치고 나서 어떤 마음이 들었는지 성찰을 기록하고 나눕니다.

기대효과

1. 일상의 경험을 공유하며 더 친밀한 관계로 성장합니다.
2. 경청하며 눈으로 말로 안아주는 다정한 대화를 경험합니다.
3. 서로 다르지만 비슷한 모습들을 발견하며, 마음이 편안해집니다.
4. 의사소통과 원만한 대인관계의 기술을 배웁니다.

'눈으로 말로 안아주기' 대화를 나눠요.

'눈으로 말로 안아주기' 대화를 나누며 어떤 마음이 들었나요?

성찰을 기록하고 나눕니다.

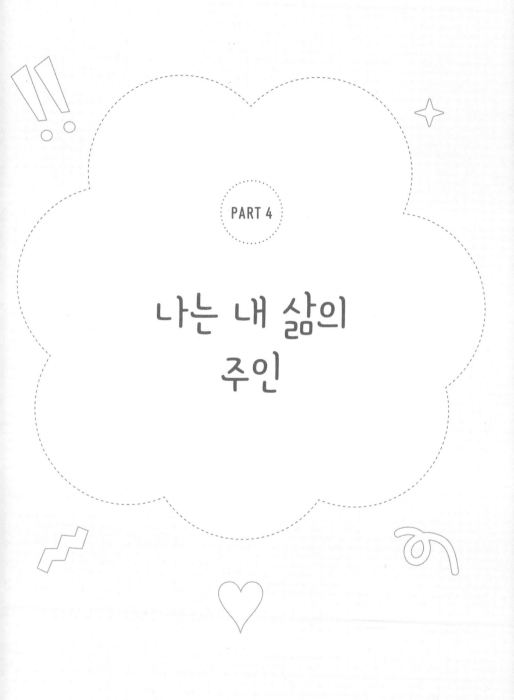

PART 4

나는 내 삶의
주인

우리는 타인의 지시나 명령에 복종하지 않고
주인으로 살아가기를 원합니다.
살아가는 모든 시간의 경험과 배움이 쌓여
독립된 한 사람으로 성장합니다.
가정과 학교, 사회와 국가의 보살핌과 지원 속에서
배우고, 도전하며 내 삶의 주인이 되어갑니다.

그러나 때론 가정과 학교가 나를 힘들게 합니다.
내가 내 마음의 주인이 되지 못했을 때 더욱 그렇습니다.

세상이 요구하는 가치와
내가 소중하게 생각하는 가치가 충돌하고,
다른 사람이 평가하는 나와
내가 생각하고 느끼는 내가 서로 다릅니다.
부모님이나 선생님이 옳다고 말하는 길과
내가 가고자 하는 길이 다릅니다.

성장으로 가는 길은 수만 가지가 있습니다.
세상의 모든 길이 360도로 열려 있는 것과 같습니다.

내가 내 마음의 주인이 되어 그 소리에 귀 기울이며
나의 생각, 감정, 욕구를 살피며 나아갈 때
비로소 나에게 가장 좋은 길을 찾을 수 있습니다.

스스로 삶의 주인이라고 느끼게 되면,
매일 아침 눈을 뜰 때마다
기분 좋은 상상을 하며 하루를 시작합니다.
하고 싶고, 가슴이 설레는 일을 발견했을 때는
열정을 다해 집중합니다.
도움이 필요할 때는 기꺼이 도움을 청합니다.

누구도 혼자서는 살아갈 수 없습니다.
우리는 모두 자기 삶의 주인이며,
함께하는 공동체의 일원입니다.
홀로 선 나무들이 모여 울창한 숲을 이루듯이
홀로 선 너와 내가 모여
공동체라는 숲을 이룹니다.

우리는 그렇게 서로의 다름을 인정합니다.

틀린 것이 아니라 다른 것입니다.

세상에 단 하나뿐인 유일한 존재인

나, 너, 우리

서로를 존중하고 사랑하며,

자신의 선택에 책임지는 사람으로,

삶의 주인으로 성장합니다.

마음, 모든 창조의 시작

이 세상에 존재하는 모든 것은
누군가의 마음에서 먼저 창조됐습니다.
랄프왈도 에머슨(Ralph Waldo Emerson)은
"세상은 인간의 사고에 의해 지배받고,
눈에 보이는 모든 것은 우리 마음속에 있던 것의 반영이다."
라고 말했습니다.

페이스북, 카카오톡, 네이버, 유튜브 등
이전에 없던 수많은 인터넷 플랫폼도
누군가의 상상력에서부터 시작됐습니다.

우리가 품은 마음과 생각이 우리의 삶을 창조합니다.
내가 어떤 환경에서 어떻게 태어났는지보다
현재 내가 어떤 생각을 하며 어떤 마음으로 살아가는지가
나의 오늘과 내일을 결정합니다.

지금 잠깐 거울을 보세요.

나의 모습을 가만히 관찰합니다.

나의 헤어스타일, 옷차림, 앉아있는 태도, 말하는 모습 등에는

내가 나를 어떻게 생각하는지가 담겨 있습니다.

스스로 게으른 사람이라고 생각하는 사람과

스마트하고 부지런하다고 생각하는 사람의

외모와 태도는 사뭇 다를 것입니다.

원하는 것을 마음에 담아야 합니다.

정말 원하는 것을 마음에 담아야 원하는 것이 나타납니다.

스스로 무엇을 원하는지, 어떻게 살고 싶은지를 상상하며, 기대하고,

명확한 목표를 그리며 노력할 때, 그 기대가 이루어집니다.

주변 환경과 사람들의 말에 따라 이리저리 흔들리지 않고,

마음을 지키며, 스스로 원하는 것에 집중할 때,

사람마다 시간 차이는 있겠지만 반드시 원하는 것을 이루게 됩니다.

마음은 모든 창조의 시작입니다.

마음을 먹는 것도, 먹은 마음을 바꾸는 것도 모두

마음의 주인인 나의 선택입니다.

깨어있는 마음, 메타인지

방법

1. 고요하고 느린 호흡을 세 번 들이쉬고 내쉽니다.

2. 내가 나를 어떻게 바라보고 있는지에 집중합니다.

3. 무엇이든지 생각하고, 느끼는 대로 정직하게 기록합니다.

4. 기록할 때 '나'를 주어로 하여 완전한 문장으로 씁니다. ('나는 ~~하다.' '나는 ~~라고 생각한다.' '나는 ~~게 느낀다.')

5. 기록을 마친 후 모두 읽어 봅니다.

6. 내가 정말 원하는 것은 무엇인지 오른편에 씁니다.

기대효과

1. 내가 마음의 주인으로서 마음의 상태를 바꿀 수 있다는 것을 경험합니다.

2. 현재의 자기를 인식하고 진정 원하는 것을 알아차립니다.

3. 언제든지 마음 상태를 바꿀 수 있다는 것을 배웁니다.

* 메타인지란 한 차원 높은 시각에서 자기를 관찰하고, 문제를 발견하며, 해결책을 찾고 조절해 나갈 줄 아는 정신 작용을 말합니다.

'깨어 있는 마음, 메타인지'로 내가 나를 어떻게 바라보고 있는지
생각하고, 느끼는 대로 정직하게 기록합니다.

내가 생각하고 느끼는 나	내가 진정 원하는 것은 ( )다.
예) 나는 꿈이 없다.	예) 내가 진정 원하는 것은 다양한 경험이다.
1.	
2.	
3.	
4.	
5.	
6.	
7.	
8.	
9.	
10.	

'깨어있는 마음, 메타인지' 활동을 하는 과정에서

새롭게 알게 된 것은 무엇인가요?

나에 대해, 내가 진정 원하는 것에 대해 알게 된 것을

문장으로 기록해 보세요.

원하는 삶을 위한 잠재의식 활용법

우리 마음은 이중구조로 되어 있습니다.
현재의식과 잠재의식이 그것입니다.
대부분 사람들은 90%에 달하는 잠재의식의 존재를 모른 채
10%에 불과한 현재의식만을 활용하여 살아갑니다.
그러나 성공적인 인생을 살아가는 사람들은
잠재의식의 존재를 알고, 적극적으로 활용합니다.

잠재의식은 우리가 잠을 자고 있을 때,
긴장을 풀고 있을 때 주로 작용합니다.
잠재의식은 우리의 경험과 지식이 저장되는 곳입니다.

현재의식은 일정한 시간이 지나면 기억을 잊어가고
기억을 삭제하거나 왜곡하기도 합니다.
그러나 잠재의식은 현재의식이 다 담을 수 없는
기억과 경험 모두를 저장하는 거대한 저장소이며,
힘이 필요할 때 언제든 꺼내 쓸 수 있는 보물창고입니다.

잠재의식은 시간과 공간을 초월합니다.

잠재의식은 상상과 현실을 구분하지 못합니다.

잠재의식은 긍정과 부정을 구분하지 못합니다.

그래서 잠재의식은 정확하고 선명한 정보를 좋아합니다.

잠재의식은 진실하고 솔직하고 유연한 상상을 좋아합니다.

잠재의식은 우리가 도와달라고 하면 기꺼이 도와줍니다.

잠재의식은 스스로를 사랑하고 믿는 사람을 위해 일합니다.

잠재의식의 이러한 특성을 활용해서
진정 원하는 삶을 살아갈 수 있습니다.

언제 어디서나 긍정적인 생각을 하고,
원하는 것을 상상하며, 구체적인 언어로 표현합니다.
원하는 삶이 실현되길 바란다면 잠재의식과 매일 대화를 나누며,
어떻게 하면 좋은지 물어보는 것이 좋습니다.

작은 사과 씨앗에는 사과나무로 자랄 때 필요한
모든 재료가 들어 있습니다.
우리는 모두 자기 삶의 비밀을 간직한 존재입니다.
원하는 삶으로 가는 데 필요한
모든 재료는 이미 우리 안에 있습니다.

거울아! 거울아!

방법

1. 거울 앞에 섭니다.

2. 심호흡을 세 번 이상 마음이 편안해질 때까지 합니다.

3. 자신감이 온몸에 충만해질 때까지 심호흡을 하며, 작은 손거울이나 핸드폰 카메라를 열어 나의 눈을 똑바로 들여다 봅니다.

4. 내가 바라는 것을 잠재의식에게 말합니다. 도와달라고 부탁합니다.

5. 나의 잠재의식에게 하고 싶은 말이나 부탁의 말을 다음의 거울 그림에 적어봅니다.

6. 이 연습은 매일 아침과 저녁에 이를 닦는 시간을 이용할 수 있습니다.

기대효과

1. 자기 인식을 통해 진정 원하는 것을 발견합니다.

2. 나와 깊게 연결됩니다.

3. 긍정적인 생각과 말을 하는 습관을 갖게 됩니다.

4. 자존감이 높아집니다.

지금 내가 원하는 것은 (　　　　)이야. 도와줘!"

거울 속의 나와 대화를 나누며 떠오른 것을 거울에 기록합니다.

나는 무엇이 되고 싶은가

내가 무엇이 되고 싶은지 물을 때,
'미래의 직업'을 묻는 질문이라 생각하면 참 난감합니다.
아직 경험도 지식도 충분하지 않은 내가
어떻게 10년 15년 후를 결정할 수 있을까요?
게다가 세상은 너무나 빠르게 변화하고 있어서
지금 정하는 것이 무의미하게 느껴지기도 합니다.

질문을 이렇게 바꾸면 어떨까요?
'지금까지 살아오면서 좋아하는 것, 가치 있다고 느끼는 것,
마지막까지 지키고 싶은 것은 무엇인가.'
이렇게 물어보면 대답할 것이 많이 떠오릅니다.
나를 행복하고, 힘 나게 하는 것!
그것을 하고 있는 나를 생각하는 것만으로도
나는 행복을 느낍니다.

'나는 무엇이 되고 싶은가'
이 질문에 답하는 것은 나중으로 미뤄도 좋습니다.
대신 매일 좋아하는 것을 하고,
가치 있게 생각하는 것을 행동으로 옮기기로 해요.

자신의 인생을 살았던 위대한 사람들의
이야기를 읽고, 다큐멘터리도 보며,
"나도 내 인생의 주인공으로 위대한 인생을 살아가겠다."
라고 선포합니다.

당장 어떤 직업을 선택하지 않아도 괜찮아요.
나에게 소중한 가치를 지키며,
도전하고, 실패하는 과정에서
배우고 성장하는 것이 먼저니까요.

내 삶의 북극성을 바라보며,
매일 나와 대화를 나누다 보면
멋진 삶이 창조될 거예요.

그렇게 나는,
내가 되고 싶은 나로 살게 될 거예요.

내 삶의 북극성, 핵심가치

핵심가치는 내가 소중하게 생각하는 가치를 말합니다. 핵심가치에 따라 살 때 기꺼이 노력하게 되며, 행복함과 만족감을 느낍니다. 온전히 자기 자신으로 살고 있다는 마음을 갖게 합니다. 핵심가치는 우리 삶의 북극성 또는 등대 역할을 합니다.

방법

1. 핵심가치 목록에서 끌림이 느껴지는 단어를 제한 없이 체크합니다.

2. 체크한 것을 다시 보며, 열 개로 압축합니다.

3. 열 개 중 충만함을 주는 단어 세 개를 선택합니다. (지금 갖고 있지 않거나 부족해도, 그것을 갖고 있거나 활용한다면 기쁘고 행복한 마음이 일어날 것 같은 단어를 선택합니다.)

4. 선택한 세 개의 단어를 넣어 나를 표현하는 문장을 만듭니다.

5. 문장을 그룹 친구들 앞에서 돌아가며 선포하고, 친구들은 "오! 멋진데!"라고 말하며 엄지를 들어 축하합니다.

기대효과

1. 자신의 핵심가치를 발견합니다.

2. 자기 인식, 자기 성찰, 자존감 향상을 경험합니다.

3. 나와 친구를 더 구체적으로 알게 됩니다.

핵심가치 목록에서 끌리는 단어에 체크하고,
다음 질문에 따라 나의 핵심가치를 찾아봅니다.

가치목록	세부항목
아름다움	☐매력적인 ☐세련된 ☐고상한 ☐사랑스러운 ☐우아한 ☐빛나는
영적인 삶	☐깨어있는 ☐의식있는 ☐신과 연결된 ☐영성 ☐수용적인
성장을 돕는	☐영향력 ☐바로잡기 ☐변화 ☐감동을 주는 ☐격려하는 ☐전진하는
기여	☐이익을 주는 ☐도와주는 ☐봉사하는 ☐제공하는 ☐향상시키는
창조	☐독창성 ☐상상력 ☐기획 ☐조립 ☐계획 ☐구상
즐거움	☐재미 ☐감정적 ☐유머 ☐열정적 ☐도전 ☐스포츠 ☐자극
느끼기	☐감정표현 ☐감각적인 ☐에너지 분출 ☐함께하는 ☐감각과 접촉
발견하기	☐배움 ☐탐색 ☐깨달음 ☐구별 ☐인식 ☐드러내기 ☐관찰
모험하기	☐미지 ☐용기 ☐위험 ☐스릴 ☐실험 ☐노력 ☐탐구 ☐위험 감수
리드하기	☐일으키기 ☐설득 ☐격려 ☐지배 ☐인내 ☐영향력 ☐모델되기
연결됨	☐가족 ☐연합 ☐협력 ☐통합 ☐함께함 ☐소속됨 ☐나눔 ☐공동체
민감성	☐터치 ☐지각 ☐공감 ☐현재에 집중하기 ☐부드러움 ☐지원하기
가르치기	☐교육 ☐지도 ☐계몽 ☐제공 ☐촉진 ☐설명 ☐지식 ☐준비
목표지향적인	☐도달 ☐달성 ☐승리 ☐지배 ☐이김 ☐점수 ☐성취 ☐능력
전문적인	☐전문가 ☐능숙함 ☐탁월함 ☐위대함 ☐능가함 ☐기준을 정함
기타	☐성실 ☐유연함 ☐치유 ☐자기성찰

출처: 김은미, 《마음성장학교》, 한겨레출판.

1. 10년, 15년 후의 직업을 생각하며 '할 수 있다, 없다'를 고려해서 선택하지 말고, 읽는 것만으로도 지금 내 마음에 만족을 주는 단어를 선택합니다. 읽으며 끌림이 느껴지는 단어를 숫자에 제한 없이 기록합니다.

2. 1번에 쓴 단어를 읽어보며, 열 개의 단어를 선택합니다.

3. 선택한 열 개의 단어에서 나의 핵심가치 세 개를 선택합니다.

4. 선택한 핵심가치 세 개를 넣어 내 삶을 이끌어갈 북극성 문장을 만듭니다.

예) 나의 핵심가치는 독창성, 열정적, 탁월함이다.

나는 독창성을 발휘할 수 있는 일에 열정을 다하며, 나의 탁월함으로 세상에
빛을 더하는 삶을 산다.

꿈을 이루는 방법

지금부터 소개하는 것은
꿈을 이루는 가장 확실한 방법입니다.

기대되나요?

이 방법은 너무나 쉽고, 간단해서 누구나 실천할 수 있습니다.
그러나 이것을 신뢰하는 사람에게만 효과가 있습니다.
성공한 사람들은 대부분 이 방법을 활용합니다.
반면 평범한 삶을 사는 사람들은 이 방법을 알고 있다 해도
잘 활용하지 않습니다.

꿈을 이루는 가장 쉬운 방법은
매일 마음에 올라오는 생각을 기록하는 것입니다.
하고 싶고, 가고 싶고,
만나고 싶고, 되고 싶은 것을
모두 기록하는 것입니다.

마음속에 막연하게 떠돌아다니는 생각들은
기록과 동시에 잠재의식에 새겨집니다.

내가 좋아하는 것, 내 삶의 핵심가치와 맞는 것을
떠오르는 대로 기록해 보세요.
지금 당장 할 수 있는 것과
시간이 걸리더라고 해보고 싶은 것을 모두 기록합니다.

가슴을 뛰게 하는 목표가 있는 사람은
언제나 열정이 샘솟습니다.
스스로 정한 목표는 다른 사람이 정해준 목표에서는
느낄 수 없는 특별한 힘이 있습니다.

마음으로 상상하고,
종이 위에 기록한 꿈의 목록은
자연스럽게 우리를 성공으로 안내합니다.

꿈 목록

방법

1. 가만히 고요하게 머물며 깊은 심호흡을 세 번에서 다섯 번 합니다.

2. 원하는 것, 하고 싶은 것, 가고 싶은 곳 등 내가 원하는 항목을 기록하고 나만의
   꿈 목록을 작성합니다.

3. 나를 제한하려는 생각이 들 때는 깨어있는 마음, 메타인지로 알아차립니다. 나와
   타인에게 해가 되지 않는 것이라면 무엇이든지 가능합니다.

4. 모두 기록한 후 그룹 친구들과 나누며, 인정과 축하의 시간을 갖습니다.

기대효과

1. 나에 대해 더 깊이 알아갑니다.

2. 원하는 것을 스스로 발견합니다.

3. 나와 친구들의 꿈 목록을 나누며, 서로의 다름을 발견합니다.

4. 자존감과 자신감이 자랍니다.

꿈 목록을 작성해 봅니다.

(활동 후에 개인의 꿈 목록 수첩을 준비해 가지고 다니며
떠오를 때마다 기록해 보세요.)

하고 싶은 것	가고 싶은 곳	원하는 것	기타

마음먹은 대로, 말하는 대로

우리는 기분에 따라 다르게 말하고 행동합니다.
주변환경과 상황이 좋을 때와
그렇지 않을 때의 반응은 다릅니다.
그래서 어떤 사람이나 상황 때문에
그렇게 말하고 반응한다고 생각할 수 있습니다.

그러나 똑같은 상황에서도 사람들의 반응이 제각각인 것을 보면
외부의 조건만이 아닌 우리가 세상을 보는 방식에 따라
달라지기도 한다는 것을 알 수 있습니다.

스탠퍼드 대학 심리학과 캐롤 드웩(Carol Dweck) 교수 팀은 '왜 어떤 사람
은 아무리 어려운 일에도 기꺼이 도전하는 반면, 어떤 사람은 자신의 안전지대
에 머무르려 할까? 왜 어떤 사람은 실패를 딛고 올라서는데, 어떤 사람은 실패
를 겪으면 포기하고 주저앉아버리는 걸까?'라는 의문을 품고 그 차이를 연구
했습니다. 그리고 두 가지의 마음 상태 '성장 마인드셋'과 '고정 마인드셋'
을 발견합니다.

고정 마인드셋을 가진 사람은 자신의 재능과 능력을 고정불변한 것으로 봅니다. 아무리 노력해도 바꿀 수 없는 것으로 보기에 배우고 성장할 기회를 스스로 막습니다.

반면 성장 마인드셋을 가진 사람은 노력에 따라 재능과 능력이 변화한다고 생각합니다. 부단한 노력과 훌륭한 전략, 다른 사람들의 지원과 도움을 통해 누구라도 성장할 수 있다고 믿습니다.

성공적인 인생을 사는 사람들은 대부분 성장 마인드셋을 가진 사람들입니다. 이들은 실패와 실수를 통해서 배우며, 일이 되어가는 과정 자체를 성공의 여정으로 인식합니다. 어떠한 상황에서도 해결책을 찾고, 교훈을 발견하려 합니다.

우리는 스스로 마음먹은 대로, 말하는 대로 현재를 경험합니다.
그리고 그러한 경험이 쌓여 미래가 창조됩니다.

모든 것은 마음먹기에 달려있습니다.
오늘부터 매일 아침 눈을 뜰 때,
"마음아! 안녕?"
하고 대화하며, 지금 나의 마음 상태를 점검합니다.

내 마음이 힘들고 어려울 때는

나를 돌보고, 위로해서 다시 용기를 낼 수 있게
내가 도와줍니다.

친구, 가정, 학교, 사회 기관 등 안전하고 따듯한 사람들에게
도움을 요청합니다.

나를 인식하고, 스스로 돌볼 줄 아는 사람은
어떤 순간에도 성장합니다.

진정 원하는 미래를 날마다 그려보세요.
나, 너, 우리가 모두 행복한 세상을 그려보세요.
그곳에서 나는 어떤 사람으로,
어떤 모습으로, 어떻게 살아가고 있나요?

마음먹은 대로
말하는 대로 이뤄집니다.

마음으로 그리는 나의 미래

방법

1. 잠시 눈을 감고 깊은 심호흡을 세 번 합니다.

2. 모든 것이 가능할 때, 나는 어떤 모습일까요? 상상해 보세요.

3. 무엇이든지 좋습니다. 내가 그리고 싶은 나의 모습을 정성껏 그려 보세요.

4. 다른 사람의 시선이나 평가는 무시하세요.

5. 오직 나의 소망과 바람을 담아보세요. 보는 것만으로도 기분이 좋아지는 나의
   미래를 그려 봅니다.

6. 다 그린 후 두 명씩 짝을 지어 그림을 보여주며, '나의 미래를 소개합니다'
   질문에 답합니다. (한 사람이 질문하고 다른 한 사람이 답합니다. 역할을 바꿔서
   질문하고 답합니다. 짝이 없는 경우에는 혼자서 해도 좋습니다.)

기대효과

1. 긍정적인 자아상을 갖게 됩니다.

2. 생각하고 상상하는 것의 힘을 느낄 수 있습니다.

3. 서로의 소망을 공유하고, 인정과 지지의 마음을 전하며 함께라는 마음을
   경험합니다.

마음으로 그리는 나의 미래를 그림으로 자유롭게 표현해 보세요.

'미래의 나를 소개합니다' 질문에 답합니다.

1. 미래의 나는 누구인가?

----

2. 무엇을 하고 있나?

----

3. 이 모습의 나는 어떤 기분인가?

----

4. 사람들은 나에게 뭐라고 말하나?

----

5. 가슴에 저장된 이 모습을 실현하기 위해 지금부터 내가 할 것은? (공부를 열심히 하는 것 외에 다른 것을 떠올려 모두 적어봅니다.)

----

6. 미래의 내가 지금의 나에게 전하는 메시지는?

마음성장학교를 마치며 (성장보고서)

우리는 마음을 만나고, 대화를 나누며
나, 너, 우리가 서로 다르지만
또 많이 닮아있다는 것을 알게 됐습니다.

지나온 시간을 돌아보며 나의 성장을 기록합니다.
정직하게 기록한 성장보고서는
나를 앞으로 나아가게 하는 힘이 있습니다.

1. 마음을 만나고, 대화를 나누는 시간을 통해 내가 배우고 깨달아 알게 된 것은
   무엇인가요?

   ----

2. 나의 성장에 특별히 도움이 된 것은 무엇인가요?

   ----

3. 마음을 공부하기 전의 나와 공부를 마친 나는 어떻게 달라졌나요?

   ----

4. 과정을 마친 나에게 한마디 인정과 칭찬의 말을 전한다면?

과정을 모두 마친 것을 축하합니다.
과정에서 많은 것을 배웠지만, 연습이 필요하답니다.

새로운 마음으로, 나에 대한 호기심과 사랑으로
필요할 때면 언제든 책을 펼치고 연습하세요.

예측하기 어려운 세상을 살아가는 데 필요한
용기와 지혜를 갖게 될 겁니다.

청소년 마음코치 교육

한국마음성장코칭협회와 마음성장학교는 '청소년 마음코치를 위한 교육'을 제공하고 있습니다.

청소년을 있는 그대로 존중하고 사랑하는 마음이 바탕이 될 때 효과적으로 도울 수 있습니다. 직접 배우고 체험하는 가운데 안내자로서의 자질과 소양이 개발되며, '청소년 마음코치'로서 전문성을 증진할 수 있습니다.

〈청소년 마음코치 교육〉은 총 24시간으로 구성되어 있습니다.
청소년의 발달과 마음코칭의 원리를 이론적으로 배웁니다.
워크숍 운영방식과 청소년의 마음을 열고 성장시키는 진행방식을 배우고 체득합니다.

보다 깊은 마음성장과 의식성장의 여정을 안내하기 원하는 분들을 위해 마음성장코칭(기초), 그림책심리코칭(역량), 마음성장심리코칭(심화) 과정을 진행하고 있습니다. 이 교육 과정을 통해 마음코칭 전문가로 성장할 수 있습니다.

마음성장학교 http://maumschool.com 050-71343-5431

마음아, 안녕?
10대를 위한 마음성장학교 실천노트

2023년 6월 30일 초판 1쇄 발행

지은이 | 김은미
펴낸이 | 이병일
펴낸곳 | **더메이커**
전　화 | 031-973-8302
팩　스 | 0504-178-8302
이메일 | tmakerpub@hanmail.net
등　록 | 제 2015-000148호(2015년 7월 15일)

ISBN | 979-11-87809-49-4　43190
ⓒ 김은미